AF388727

ARMORIAL DU CANADA FRANÇAIS

ARMORIAL

DU

CANADA FRANCAIS

PAR

E. Z. MASSICOTTE et REGIS ROY

AVEC

UNE INTRODUCTION

PAR

L'ABBÉ A. COUILLARD DESPRÉS

Illustrations par Alfred Asselin

PREMIERE SERIE

MONTREAL

LIBRAIRIE BEAUCHEMIN Limitée

1915

PRÉFACE

Il nous a paru qu'un ouvrage, convenablement fait, dans lequel se trouveraient réunies les armes des Canadiens et des Français anoblis qui ont vécu en ce pays ou qui figurent dans notre histoire, devrait avoir quelque utilité.

Toutefois, c'est avec hésitation que nous avons entrepris cette tâche, car nous n'ignorions pas que la compilation des armoiries se rapportant à notre pays était une œuvre exigeant de longues recherches et une documentation considérable.

Pour la préparation de notre modeste armorial, nous avons donc consulté les archives canadiennes, les imprimés du pays et les principaux ouvrages spéciaux publiés en France, à diverses époques.

Malgré tout le soin que nous avons pris d'éviter les erreurs, il s'en est peut-être glissé quelques-unes, mais comme nous indiquons, pour chaque famille, la source où nous avons puisé, il sera facile aux lecteurs de vérifier l'exactitude de nos informations.

Pour raison d'uniformité, nous avons choisi l'écu de France, presque carré, généralement adopté dans les armoriaux et nous nous bornons à reproduire les armes (1), sans les ornements extérieurs, tels que supports, couronnes, casques, cimiers, devises, cris, etc., parce que ces ornements manquaient dans plusieurs cas.

Quant aux couleurs, autrement dit aux émaux et aux métaux, notre artiste les a représentées par les hachures, lignes ou pointillés conventionnels dont le tableau se trouve, aujourd'hui, dans tous les dictionnaires, au mot blason.

____

(1) Voir, à la fin de ce volume, notre vocabulaire pour la signification des termes *armes et armoiries*.

*

On peut n'accorder aux armoiries qu'une valeur historique restreinte, cependant comme la plupart des fonctionnaires, des seigneurs, des militaires et des bourgeois marquants, avaient de ces symboles, leur connaissance est non seulement intéressante, mais même nécessaire à ceux qui s'occupent d'histoire, d'archéologie, de numismatique, de peinture, de dessin et de sculpture.

Que de municipalités et de sociétés vont pouvoir, maintenant, se procurer, par notre armorial, les armes des personnages dont elles perpétuent le souvenir ; pourquoi ne mettraient-elles pas ces armes dans leurs sceaux ou ne les reproduiraient-elles pas sur leurs bannières et sur leurs drapeaux ?

*

Au surplus, si cet ouvrage ne servait qu'à fixer des noms et des bribes de nos annales dans la mémoire du lecteur, ne serait-ce pas déjà un moyen mnémotechnique agréable et digne d'encouragement ?

*

Nous avons groupé les armes par séries.

Dans les unes nous plaçons la succession des vice-rois, des gouverneurs généraux ou des évêques, dans d'autres sont celles des intendants, des gouverneurs particuliers, etc.

Cette division logique s'imposait; néanmoins, pour faciliter la consultation nous avons ajouté un index analytique assez complet.

Chaque page contient les armes d'un personnage ou d'une famille accompagnées d'une brève notice. Ceux qui désirent plus de détails n'auront qu'à recourir aux ouvrages que nous indiquons.

*

L'art héraldique, comme les autres arts et comme toutes les sciences a son vocabulaire et nous incluons, à la fin de ce volume, une liste des principaux termes propres au blason, parce que plusieurs d'entre eux, au premier abord, semblent étranges et rebutent les lecteurs non initiés.

Quant à la phraséologie des blasons elle s'explique facilement, par un exemple. Prenons le blason de D'Aumont de Saint-Lusson : " D'argent, au chevron de gueules, accompagné de trois merlettes du même."

Cela signifie que le champ ou le fond de l'écu est d'argent, qu'il y a dessus un chevron rouge, accompagné de trois merlettes (oiseaux sans becs ni pattes) du même émail (ou couleur) que le chevron.

A remarquer que, sauf de rares exceptions, on ne met pas émail sur émail et métal sur métal.

Ajoutons que les dessins qui illustrent notre armorial sont dus à un débutant M. Alfred Asselin qui a fait œuvre consciencieuse et élégante.

Les auteurs.

INTRODUCTION

———

La noblesse de la Nouvelle-France a été constituée par les familles nobles qui vinrent de France s'établir sur nos rives, par une dizaine de familles canadiennes, qui reçurent leurs armoiries au pays, par les fonctionnaires, les officiers et quelques soldats des divers régiments qui séjournèrent parmi nous.

La noblesse essentiellement canadienne compta de simples écuyers, des chevaliers des ordres royaux de Saint-Michel et de Saint-Louis et des barons.

Il y eut dans la Nouvelle-France quelques fiefs de dignité. En premier lieu, la famille d'Ailleboust vit ses terres érigées en châtellerie, sous le nom de Coulonges, par lettres du 19 avril 1657.

Trois baronnies furent créées sur les bords du Saint-Laurent : celle de Portneuf, par lettres du mois de mars 1681, en faveur de Réné Robineau, seigneur de Bécancour ; celle des Islets, en faveur de l'ntendant Jean Talon ; il avait acquis le fief des Islets de Charles Couillard des Islets de Beaumont, par lettres du mois de mai 1675 ; et celle de Longueuil, en faveur de Charles Lemoyne de Longueuil, par lettres du 26 janvier 1700.

Deux autres baronnies furent créées au Canada : la première, en 1651, par Charles-Amador de La Tour, qui venait d'être réintégré dans les bonnes grâces du roi, et appelé, pour la seconde fois, au gouvernement de l'Acadie ; et celle de Beauville, par lettres du 25 juin 1707, en faveur de messire François de Beauharnois, seigneur de Beaumont, de la Chaussée et du Portmaltais.

Il y eut aussi deux comtés : l'Ile d'Orléans, qui porta le nom de comté de Saint-Laurent, et la baronnie des Islets, qui devint comté d'Orsainville, en faveur de Jean Talon.

Nous devons ajouter que le Canada reçut un grand nombre de barons, de comtes et de marquis, lesquels, pour n'avoir pas obtenu de fiefs de dignité, n'ont pas moins contribué à rehausser l'éclat de la noblesse par la gloire attachée à leurs noms (1).

La noblesse canadienne exerça une influence considérable sur notre pays. Les familles qui la composaient étaient nombreuses. Plusieurs de leurs membres furent officiers dans nos troupes ou fonctionnaires publics. Ces hommes ont rendu d'éminents services, mais le plus important fut, sans contredit, celui de la colonisation. Ils ne rougissaient pas de prendre dans leurs mains les instruments du laboureur. De bonne heure on apprenait aux fils de nobles familles à conduire la charrue; et ils s'acquittaient de cette tâche avec une dextérité égale à celle qu'ils montraient sur les champs de bataille en maniant le sabre ou le fusil.

Nos gentilhommes étaient tour à tour laboureurs et soldats. Ils ne ménagèrent pas leur sang ; aux heures du danger, ils défendirent avec un héroïsme sublime la patrie canadienne.

La prise du Canada par l'Angleterre porta un coup terrible à la noblesse. Les fonctionnaires, gouverneurs, intendants et autres, repassèrent en France ainsi que leurs familles.

En 1763, une nouvelle émigration affaiblit encore le groupe de la noblesse. Il resta cependant au Canada plus de cent vingt familles nobles. L'émigration ne fut donc pas aussi considérable qu'on l'a cru d'abord. Nous avons indiqué ailleurs les noms de ces familles qui résidaient au pays en 1767 (2).

Après le traité de paix, la noblesse canadienne perdit beaucoup de son prestige. Les coutumes françaises avaient été garanties aux vaincus ainsi que la libre jouissance, par les nobles,

---

(1) La première marquise canadienne fut Delle Geneviève Macard, fille de Nicolas Macard et de Marguerite Couillard. Elle épousa Charles d'Aloigny, marquis de la Grois.

(2) *Histoire des Seigneurs de la Rivière du Sud*, p. 294 et suivantes.

de tous leurs biens et patrimoines seigneuriaux, mais les malheurs des guerres, les banqueroutes des maisons de commerce de France, ajoutés à des persécutions incessantes, contribuèrent à appauvrir notre noblesse et à la miner (1).

Plusieurs familles ne purent se perpétuer par défaut de rejetons mâles. Les titres s'effacèrent peu à peu et les noms mêmes se modifièrent à mesure que la démocratie gagna du terrain sur l'ancienne classe privilégiée. Enfin, en 1854, le Parlement canadien donna le coup de grâce au régime de féodalité.

Mais voilà que de nos jours un réveil patriotique remet en honneur plus d'un nom que l'on croyait à jamais disparu. L'étude de nos origines, de nos vieilles familles, de nos seigneuries et de nos paroisses, rappelle les souvenirs de nos plus pures gloires nationales. Il est impossible d'écrire ces monographies sans rendre à la noblesse canadienne le témoignage de gratitude auquel elle a droit. Tout ce qui touche à la mémoire de nos braves gentilhommes est donc d'un intérêt palpitant. C'est pourquoi MM. Massicotte et Roy ont pensé rendre service aux futurs historiens en réunissant dans un ouvrage spécial les armoiries de nos personnages historiques.

Nous espérons que le public accueillera avec faveur ce premier volume de l'armorial de la noblesse de la Nouvelle-France. Avec le temps, de nouveaux matériaux permettront de le compléter.

On imaginera difficilement la somme de travail qu'il a coûté, car il a fallu à ses auteurs compulser nos archives, nos histoires et la plupart des ouvrages spéciaux parus en France sur ce sujet.

On ne pouvait baser un travail sérieux sur la liste des armoiries publiées par l'abbé Daniel. Plusieurs des familles qu'elle mentionne portent des noms identiques, il est vrai, à ceux de nos familles canadiennes ; mais, comme il ne s'y trouve aucune indication pour prouver leur parenté avec les nôtres, cette liste perd beaucoup de sa valeur.

---

(1) *Histoire des Seigneurs de la Rivière du Sud*, pp. 320 à 344.

La similitude des noms ne signifie rien, car, ainsi que le remarque d'Hozier, il se rencontre parfois des familles qui portent les mêmes noms et les mêmes armes et qui pourtant ne sont nullement apparentées. Bien plus, dans une même famille on voit diverses branches porter des armes complètement différentes. De là une grande difficulté.

* * *

Un mot, en terminant, sur les titres.

La qualification de très haut et très puissant seigneur n'appartient qu'aux princes royaux et aux gentilshommes dont les maisons eurent des alliances avec le sang royal.

Celle de haut et puissant seigneur était réservée aux nobles dont les titres remontaient au moins aux dix premières années du XVe siècle, et qui s'étaient illustrés par de grandes alliances, des services considérables et des emplois importants. Le titre de *noble homme,* d'après la coutume de Hainaut, était supérieur au titre d'écuyer. La taxe qu'elle attribuait au noble homme pour ses journées était plus forte que celle accordée à l'écuyer. "Le premier, dit LaRoque, a été de toute ancienneté beaucoup "plus considéré que l'autre...".

D'après Loyseau, les plus honnêtes habitants des villes ayant pris le qualificatif de noble homme, ceux d'épée ont méprisé ce titre et ont préféré prendre celui d'écuyer.

Ce dernier titre appartenait à toute la noblesse. Cette appellation tenait son origine du fait que les nobles autrefois avaient l'habitude de porter dans les combats des écus marqués de leurs armes.

Le titre de chevalier s'accordait par lettres. La promotion à cette dignité donnait lieu à des solennités imposantes. Les nobles seuls pouvaient être chevaliers.

Le simple titre d'écuyer exemptait de la taille ou des impôts. Il donnait également droit au titulaire de prendre des armoiries.

Il y eut de tout temps des fonctions qui ne pouvaient s'allier à la noblesse. D'autres pouvaient s'exercer sans dérogeance ; telles : les professions libérales et même la culture de la terre; dans ce dernier cas le gentilhomme devait, cependant, travailler pour son propre compte et pour son utilité personnelle.

Par un édit du mois d'août 1667, le commerce maritime fut permis à la noblesse et le commerce de gros par un autre édit de l'année 1701.

Une étude impartiale de la noblesse servirait à dissiper bien des nuages sur les siècles déjà loin où elle fleurissait. Des historiens ont exalté les beautés du régime féodal, d'autres l'ont attaqué avec fureur. Si les premiers ont donné des louanges parfois exagérées à la féodalité, les seconds, ceux du XVIIe siècle principalement ont popularisé contre elle les calomnies les plus absurdes. La féodalité était un système politique, une forme de gouvernement. Comme toutes les constitutions, elle avait du bon et du mauvais... Ce système avait ses abus. Quel est celui qui n'en a pas ? "Les peuples comme les individus ont les défauts de leur âge. En grandissant ils changent, mais ils ne s'en dépouillent jamais...(1)."

Abbé A. Couillard Després.

---

(1) *L'Abbé Darras.*

PRINCIPAUX OUVRAGES CONSULTES

ADELINE. — Lexique des termes d'art.

ANNUAIRE DE LA NOBLESSE DE FRANCE, 1843-1910.

BIADELLI. — Petit traité du blason.

BULLETIN DES RECHERCHES HISTORIQUES. — 20 volumes.

COUILLARD DESPRÉS. — Les Seigneurs de la Rivière du Sud.

COUILLARD-DESPRÉS. — La première famille française au Canada.

DANIEL. — Histoire des grandes familles françaises du Canada.

DANIEL. — Nos gloires nationales, 2 vol.

D'HOZIER. — Armorial de France, 9 vols.

GÉLIOT. — La vraye et parfaite science des armoiries, 1660, 2 volumes
in-folio.

GHEUSI. — Le blason héraldique.

GOURDON DE GENOUILLAC. — L'art héraldique.

JOUFFROY D'ESCHAVANNES. — Armorial universel ,1844.

JOUFFROY D'ESCHAVANNES. — Traité complet de la science du blason.

LA CHESNAYE DES BOIS ET BADIER. — Dictionnaire de la noblesse, 3e
édition, 1868, 20 volumes.

MAGNY (de). — Nobiliaire de Normandie, 2 volumes.

MAILHOL (de). — Vocabulaire du blason.

MAILHOL (de). — Dictionnaire de la noblesse française, 1896.

POTIER DE COURCY. — Nobiliaire et Armorial de Bretagne, 3 volumes.

ROY (P. G.). — Généalogie des familles Taschereau, Godefroy de Tonnancourt, Irumberry de Salaberry, Aubert de Gaspé, Deschamps de Boishébert, Juchereau-Duchesnay, D'Estimauville de Beaumouchel, etc.

TANGUAY. — Dictionnaire généalogique, 7 volumes.

VICE-ROIS

de **BOURBON-SOISSONS**

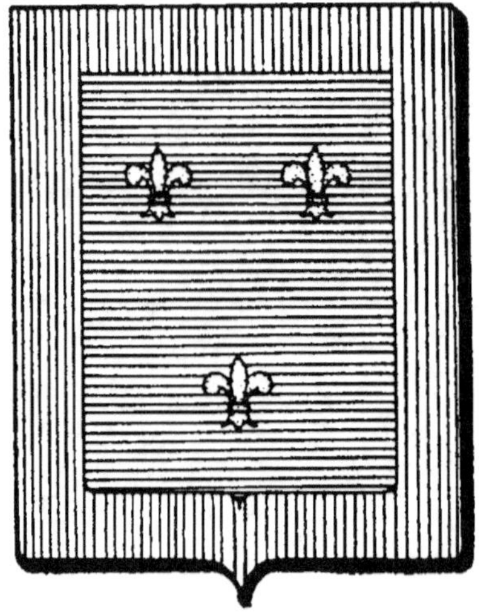

D'azur, à trois fleurs de lys d'or et à la bordure de gueules.
(La Chesnaye Des Bois, III, 768).

BOURBON, comte de Soissons (Charles de). Pair et grand-maître de France, gouverneur pour le roi ès pays de Normandie et Dauphiné, il était fils de Louis 1er, prince de Condé. Il naquit le 3 novembre 1566 et mourut le 1er novembre 1612, c'est-à-dire un mois environ après sa nomination comme vice-roi au pays de la Nouvelle-France.

Bibliographie : Mém. de la Soc. Hist. M. 2e liv.

de **BOURBON-CONDE**

D'azur, à trois fleurs de lis d'or, à une bande de gueules brochante sur le tout.

(La Chesnaye des Bois. Diction).

BOURBON, prince de Condé (Henri de). Né en 1588, il décède le 26 décembre 1646. Nommé vice-roi du Canada en 1612 pour succéder au comte de Soissons, il ne paraît pas s'être occupé de notre pays. Il troubla, par ses intrigues les premières années du règne de Louis XIII et fut mis en prison.

BIBLIOGRAPHIE : Mém. de la Soc. Hist. M. 2e liv.

MONTMORENCY

D'or, à la croix de gueules, cantonnée de seize alérions d'azur.
(Bouton, Nouveau traité du blason).

MONTMORENCY (Henri, duc de). Né en 1595, amiral dès 1612 et gouverneur du Languedoc, en 1613, il fut nommé vice-roi de la Nouvelle-France le 10 février 1620 et conserva ce poste jusqu'en 1624. "Il mérita le baton de maréchal de France par sa brillante conduite au combat de Veillane (1630)." Ayant pris le parti de Gaston, duc d'Orléans contre le cardinal Richelieu, il fut arrêté, condamné par le parlement de Toulouse et exécuté, en 1632.

BIBLIOGRAPHIE : Nouveau Larousse. — Geliot, La vraie et parfaite science. — Gheusi, Blason héraldique. — Mém. Soc. Hist. M. 2e liv.

LEVIS-VENTADOUR

Echiqueté d'or et de gueules.
(Annuaire de la noblesse, 1844 et La Chesnaye des Bois, XII, 32).

LEVIS, duc de Ventadour (Henri de). Vice-roi d'Amérique de 1625 à 1641. D'une piété exemplaire le duc de Ventadour se prépara aux ordres sacrés dès 1629, alors que sa femme, de son côté, entrait dans un couvent. En 1631, il abandonna tous ses titres. Mort en 1680, âgé de 84 ans.

BIBLIOGRAPHIE : Mém. Soc. Hist. M. 2e liv. — Anselme, Hist. des pairs de France.

Nota — On voit dans Geliot, Anselme et autres auteurs, qu'une branche des Lévis-Ventadour portait les armes qui sont aux 1 et 4 des Lévis-Damville.

RASILLY

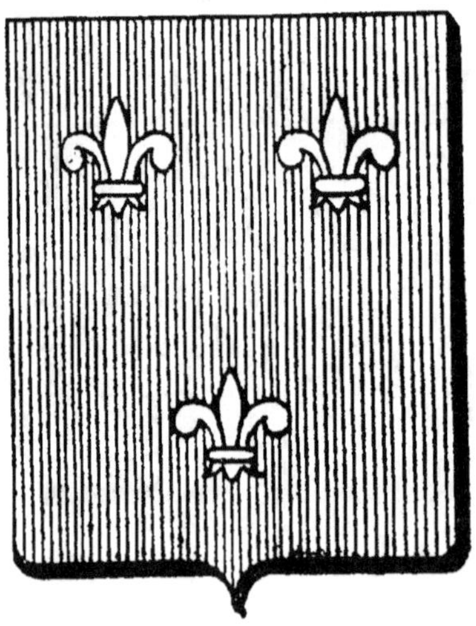

De gueules, à trois fleurs de lis d'argent.

(B. R. H. XIX, 345).

RASILLY (Isaac de Launay de). Né à Roiffé, France, en 1587. Reçu chevalier de Malte en 1605, il était chef d'escadre depuis 1624 lorsque le roi le nomma vice-roi de la Nouvelle-France, le 20 avril 1632. Peu après il reprenait l'Acadie aux Anglais et en conservait le gouvernement jusqu'en 1636.

BIBLIOGRAPHIE : B. R. H. XIX, 345. — Rasilly, Généalogie de la famille de Rasilly, 1903.

LEVIS DE DAMVILLE

Ecartelé : aux 1 et 4 contre-écartelés : au 1 d'or, à trois chevrons de sable (Lévis), au 2 bandé d'or et de gueules de six pièces (Thoire-Villars), au 3 de gueules, à trois étoiles d'or (Bermond d'Anduze) ; au 4 d'argent, au lion de gueules (Layre), sur le tout, échiqueté d'or et de gueules (Ventadour) ; aux 2 et 3 d'or, à la croix de gueules, cantonnée de seize alérions d'azur (Montmorency).

(D'après une médaille frappée en l'honneur du duc de Damville en 1658 et qui se trouve dans la collection de M. R. W. McLachlan).

LEVIS, duc de Damville (François-Christophe de). Frère de Henri Levis de Ventadour. Nommé duc de Damville en 1648 et vice-roi d'Amérique de 1644 à 1660. Mort à Paris, le 9 septembre 1661.

BIBLIOGRAPHIE : Mém. Soc. Hist. M. 2e liv.

PAS DE FEUQUIERES (de)

De gueules, au lion d'argent.

(La Chesnaye des Bois, VII, 980).

PAS, marquis de Feuquières (Isaac de). Lieutenant général des armées du roi et ambassadeur de France en Espagne. Remplaça, en 1660, M. de Levis duc de Damville comme vice-roi d'Amérique, mais il ne conserva cette charge qu'une année.

BIBLIOGRAPHIE : B. R. H., VII, 24. — Armorial d'Artois. — Mém. Soc. Hist. M. 2e liv.

D'ESTRADES

De gueules, au lion d'argent couché sur une terrasse de sinople sous un palmier d'or.

(La Chesnaye des Bois, VII, 592).

D'ESTRADES (Godefroy, comte). Né en 1607. Conseiller d'état en 1639. Ambassadeur près des états généraux, puis lieutenant général et gouverneur de Dunkerque en 1650; maréchal de France en 1675; vice-roi de la Nouvelle-France de 1662 à 1686. Mort à Paris le 26 février 1686.

BIBLIOGRAPHIE : Clément, Colbert I, 100 et III, 387. — Mém. Soc. Hist. M. 2e liv.

D'ESTREES

D'argent, fretté de sable, au chef cousu d'or chargé de trois merlettes de sable.

(Ann. de la Nobl. 1866).

D'ESTREES (Jean, comte). Vice-roi de la Nouvelle-France du premier août 1686 au 19 mai 1707. Amiral de France, il guerroya dans les Antilles, à Tripoli et à Alger. Né en 1624. mort en 1707.

Victor-Marie, fils du précédent, fut vice-roi de mai 1707 au 27 décembre 1737. Maréchal de France et vice-amiral, il se signala dans les guerres d'Espagne. Né en 1660, mort en 1737.

BIBLIOGRAPHIE : La Chesnaye des Bois, VII, 593. — Mém. Soc. Hist. M. 2e liv. — Anselme, Hist. de pairs de France.

Nota — Le P. Anselme donne aussi : écartelé, aux 1 et 4 comme, ci-dessus et aux 2 et 3 : d'or au lion d'azur, couronné de gueules.

LIEUTENANTS-GENERAUX

ROBERVAL

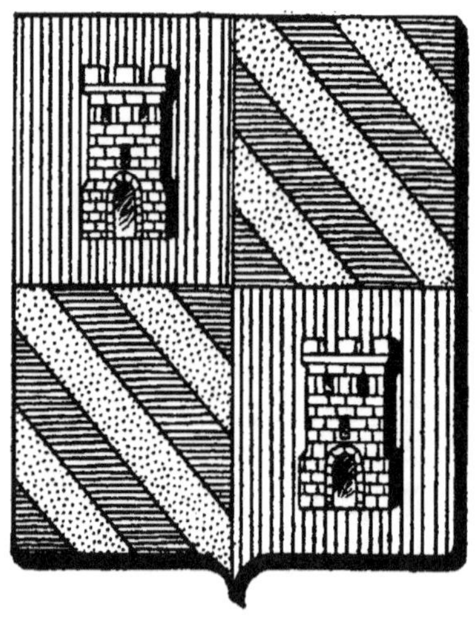

Ecartelé : aux 1 et 4 de gueules, à la tour carrée, crénelée de trois pièces d'argent, maçonnée de sable ; aux 2 et 3 d'azur à trois bandes d'or.

(Ann. de la nobl. 1858).

ROBERVAL (Jean-François de la Roque, sieur de). François Ier, le nomme, en 1540 "lieutenant et gouverneur dans les pays de Canada et d'Hochelaga." Peu après, il vint tenter sans succès, un établissement. Charlevoix prétend qu'il entreprit, en 1549, une autre expédition et qu'il périt avec tous ses gens.

BIBLIOGRAPHIE : M. de la S. H. M. 2e livr.

de la ROCHE

D'or, au chevron d'azur, accompagné de trois trèfles de gueules.
(P. de Courcy, Nobiliaire et armorial de Bretagne, II, 166).

ROCHE (Troillus du Mesgouets, marquis de la). Gentilhomme breton qui paraît avoir succédé à Roberval comme lieutenant du roi pour le Canada. Il amena quelques colons qu'il
déposa sur l'île de Sable et qu'il ne put envoyer chercher que
cinq ans plus tard. Le marquis de la Roche est mort en 1606.

BIBLIOGRAPHIE : Mém. Soc. H. M. 2e liv. — Guérin, Dictionnaire,
Supplément.

de **MONTS**

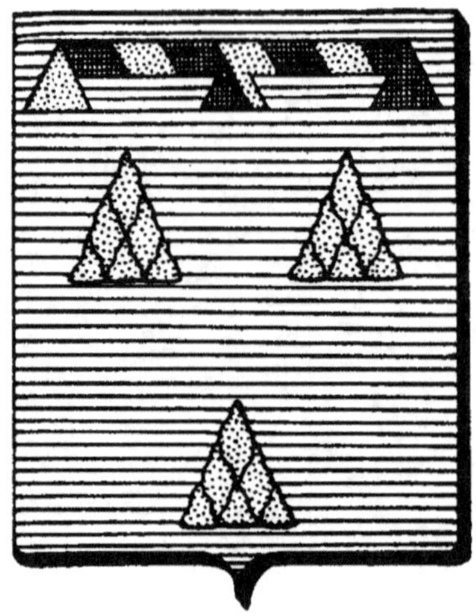

D'azur, à trois monts d'or, surmontés d'un lambel bandé d'or et de sable de huit pièces.

(Armorial gén. de France, reg. III, part. II).

DE MONTS (Pierre). Seigneur de Guast. Fils de Jean Balthazar de Mons, baron de Cabrerolles. Gentilhomme du roi Henri IV; lieutenant général du Canada en 1603. Ce fut en qualité de lieutenant de M. de Monts que Champlain fonda Québec en 1608.

Bibliographie : La Chesnaye des Bois. — Mém. Soc. H. M. 2e liv.

Nota — Todd, Armory and lineages of Canada, 1914, Addenda, 17, donne comme armes de M. de Monts: d'azur à cinq besants d'or, sans indiquer où il puise.

de THEMINES

Ecartelé : au 1, d'argent, à l'osier de sinople (Lauzières) ; au 2, de gueules, à deux chèvres d'argent (Thémines) ; au 3, de gueules, au lion d'argent, accompagné de huit besants du même, en orle (Cardaillac) ; au 4, d'or, à trois fasces de sable, au chef d'hermine (Penne).

(Courcelles, Hist. des Pairs de France, p. 59).

THEMINES (Ponce de Lauzières, baron de). Il était maréchal de France lorsqu'il fut nommé lieutenant du roi en la Nouvelle-France, le premier septembre 1616. Il conserva cette charge jusqu'au vingt octobre 1619. Mort gouverneur de Bretagne, le 1er novembre 1627, âgé de 74 ans.

Bibliographie : McCord, Hand book of Canadian dates. — Mém. de la Soc. Hist. M. 2e liv. — Geliot, Vraie et parf. science, I, 64 et 66. — Anselme, Hist. chronol. et généal., vol. A, p. 568.

PROUVILLE DE TRACY

De sinople, à la croix engrelée, d'argent.

(Ann. de la nobl. 1867, 367).

· **TRACY** (Alexandre de Prouville, sieur de). Chevalier, conseiller du roi, lieutenant général en Amérique, il arriva en 1665 avec le gouverneur de Courcelles, l'intendant Talon et le régiment de Carignan. "Son séjour au Canada ne fut que de dix-huit mois, mais son administration fut des plus bienfaisantes." Il retourna en France, en 1667, et reçut le commandement de Dunkerque, puis d'un château à Bordeaux. Mort en 1670.

BIBLIOGRAPHIE : B. R. H., 252, 342. — Mém. Soc. Hist. M. 2e liv.

2

CLERGE

LAVAL-MONTMORENCY

D'or, à la croix de gueules, chargée de cinq coquilles d'argent, cantonnée de seize alérions d'azur.
(D'après un sceau aux archives de la fabrique Notre-Dame, Montréal).

LAVAL DE MONTMORENCY (Vénérable François de). Premier évêque de Québec. Né à Montigny-sur-Avre, le 30 avril
1622. Vicaire apostolique du Canada en 1658, évêque de Québec de 1674 à 1688 ; mort le 6 mai 1708.

Bibliographie : Têtu, Les évêques de Québec. — Gosselin, Mgr de
Laval. — Allaire, Dictionnaire du clergé. — Gheusi, Blason héraldique. — Canada ecclés., 1911, p. 42.

Nota — Une note de Jacques Viger, dans les *Servantes de Dieu* par
Laroche-Héron, p. 151, donne comme armes de Mgr Laval, celles des
Montmorency.

de SAINT-VALLIER

D'azur, à un buste de cheval d'or, animé de gueules, au chef cousu de gueules, chargé de trois croisettes d'argent.

(Ann. de la nobl. 1852).

SAINT-VALLIER (Mgr Jean-Baptiste de la Croix de Chevrières de). Né à Grenoble, France, le 14 novembre 1653 ; ordonné vers 1675. En 1685, il visite une partie de la Nouvelle-France en qualité de grand vicaire de l'évêque de Québec. Sacré évêque de Québec en 1688, il décède le 26 décembre 1727.

BIBLIOGRAPHIE : Allaire, Dictionnaire du clergé. — Géliot, La vraie et parfaite science. — Jouffroy d'Eschavannes, Traité complet de la science du blason. — Canada ecclés., 1911, p. 42.

de **MORNAY**

Burelé d'argent et de gueules de huit pièces, sur le tout un lion morné de sable, couronné d'or, brochant.

(Gilles de Bouvier, Arm. de France, p. 75).

MORNAY (Mgr Louis-François de). Né en 1663. Fils de Charles de Mornay, branche des Montchevreuil, seigneur de Mesnil-Théribus.

Nommé coadjuteur de Québec en 1713, il devint évêque par la mort de Mgr de St-Vallier. Il se démit de son évêché en 1733 et mourut victime d'un accident, à Paris, huit ans après.

BIBLIOGRAPHIE : La Chesnaye des Bois, XIV, 607. — B. R. H. X 20 et XI, 346. — Allaire, Dict. du clergé. — Geliot, La vraie et parfaite science.

Nota — *Le Canada ecclésiastique*, 1911, p. 42, ajoute à ces armes, dans le point du chef, un autre écusson.

de LAUBERIVIERE

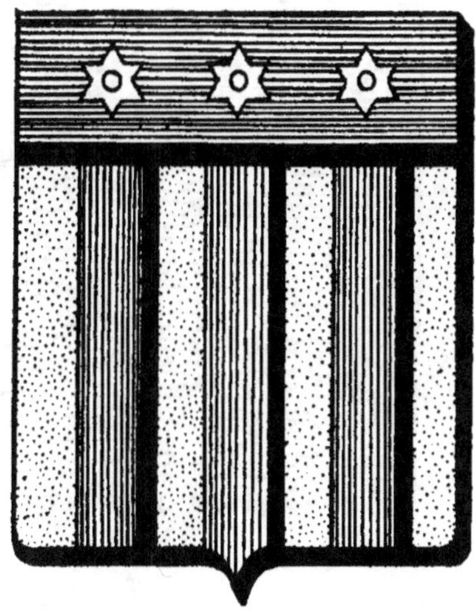

D'or, à trois pals de gueules, au chef d'azur chargé de trois molettes d'argent.

(La Chesnaye des Bois, Dict. XVI, 270).

LAUBERIVIERE (Mgr François-Louis Pourroy de). Né dans le Dauphiné en 1711. Ordonné en 1735, à Paris. Elu évêque de Québec en 1739, il arriva dans cette ville au mois d'août 1740 et mourut douze jours plus tard.

BIBLIOGRAPHIE : Têtu, Les Evêques de Québec. — Allaire, Le Clergé canadien-français. — Canada ecclés., 1911, p. 42.

de **PONTBRIAND**

Écartelé : aux 1 et 4 d'azur, au lion d'argent qui est *de Breil ;* aux 2 et 3 d'azur au pont de trois arches d'argent, maçonné de sable qui est *de Pontbriand.* (1)

(Ann. de la Nobl., 1890, p. 335.)

PONTBRIAND (Mgr, Henri-Marie de Breil, de). Né à Vannes, en Bretagne, en 1708 ; ordonné vers 1732, il fut élu évêque de Québec en 1741 et mourut à Montréal pendant que la ville était assiégée, le 8 juin 1760.

BIBLIOGRAPHIE : Allaire, Dict. du clergé.

(1) Le Canada ecclésiastique, 1911, p. 43, ne reproduit que les armes des Pontbriand.

ALBANEL

D'azur, au chevron d'argent, accompagné en chef de deux étoiles et, en pointe, d'un croissant de même.

(Ann. de la nobl. 1884).

ALBANEL (R. P. Charles). "Né en Auvergne, en 1616, il entra chez les Jésuites en 1633." Ordonné vers 1649, il passa aussitôt au Canada et, après avoir parcouru la Nouvelle-France, soit en qualité de missionnaire, soit comme aumônier dans des expéditions militaires, il décède, le 1er juin 1680.

BIBLIOGRAPHIE : Allaire, Diction. du clergé.

BREBEUF

D'azur, au bœuf furieux de sable, accorné et onglé d'or.
(Magny, Nobiliaire de Normandie, I, 32).

BREBEUF (Jean de). Né à Condé-sur-Vire, le 25 mars 1593, il entra dans la Compagnie de Jésus en 1617 et fut ordonné le 25 mars 1623. Venu au Canada en 1625, les Iroquois le martyrisèrent le 16 mars 1649.

BIBLIOGRAPHIE : Allaire, Dict. du clergé. — Les Jésuites martyrs. — Rochemonteix, Les Jésuites et la Nouvelle-France au XVIIe siècle.

Nota — On voit dans Tanguay, I, 88, qu'en 1697, il y avait, en ce pays, un lieutenant nommé de Brebeuf.

JOGUES

D'or, au chevron de sable chargé de trois étoiles d'or, accompagné, en chef, de deux rencontres de cerf, au naturel et, en pointe, d'un rocher d'argent, duquel jaillit, à senestre, une fontaine et accosté à dextre, d'une canne nageante d'argent.

(P. de Courcy, Nob. et Arm. de Bretagne, I, 459).

JOGUES (Vénérable Isaac). D'une famille originaire d'Espagne, il naquit à Orléans, le 10 juin 1607. Entra chez les Jésuites en 1624. Missionnaire au Canada, à partir de 1636, il fut torturé en 1642 puis assassiné par les Iroquois, le 18 octobre 1646.

BIBLIOGRAPHIE : Allaire, Dictionnaire du clergé.

RAGUENEAU

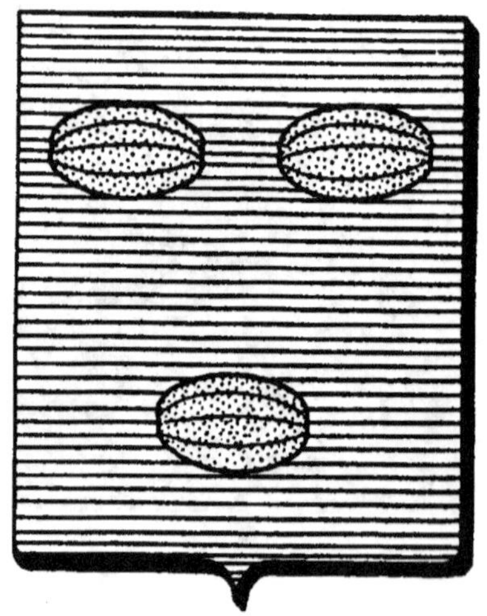

D'azur, à trois melons d'eau.

(Nobiliaire universel, II).

RAGUENEAU (R. P. Paul). Né à Paris, le 18 mars 1608, il entra chez les Jésuites en 1626. Missionnaire à Québec en 1636, il se rendit ensuite chez les Hurons. En 1650, il était supérieur de son ordre au Canada. Il repassa en France vers 1666 et décéda à Paris, le 3 septembre 1680.

BIBLIOGRAPHIE : Allaire, Dict. du clergé. — Rochemonteix, Les Jésuites et la N.-F.

RASLES

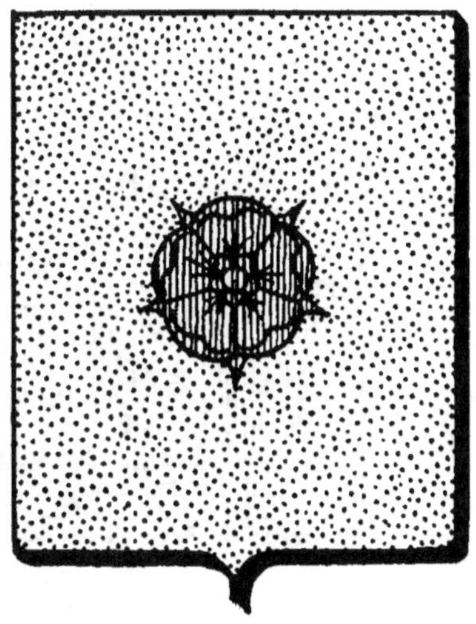

D'or, à une rose de gueules.

(Gilles le Bouvier, Le Hérault d'armes, I, 96).

RASLES (R. P. Sébastien). Né en Franche-Comté, le 4 janvier 1657, il entre chez les Jésuites en 1675. Arrive à Québec en 1689. Célèbre dans l'histoire comme missionnaire des Abénaquis sur lesquels il obtint une influence extraordinaire. Tué par les Anglais, dans le Maine, le 23 août 1724.

BIBLIOGRAPHIE : Allaire, Diction. du clergé. — B. R. H., V, 228.

OLIER

D'or, au chevron de gueules, chargé, en pointe d'un croissant d'argent surmonté d'un besant d'or accompagné de trois grappes de raisin de sable ; à la bordure d'azur, chargée de fleurs de lis d'or.

(Le Chesnaye des Bois, XV, 159).

OLIER DE VERNEUIL (Abbé Jean-Jacques). Né à Paris le 20 septembre 1608. Il projeta la fondation de Montréal en 1640, puis fonda la société de Saint-Sulpice à Paris en 1642 et à Montréal en 1657. Mort en odeur de sainteté, à Paris, le 2 avril 1657.

Bibliographie : Ann. de Villemarie, I, 5. — Faillon, Vie de M. Olier.

SALAGNAC DE FENELON

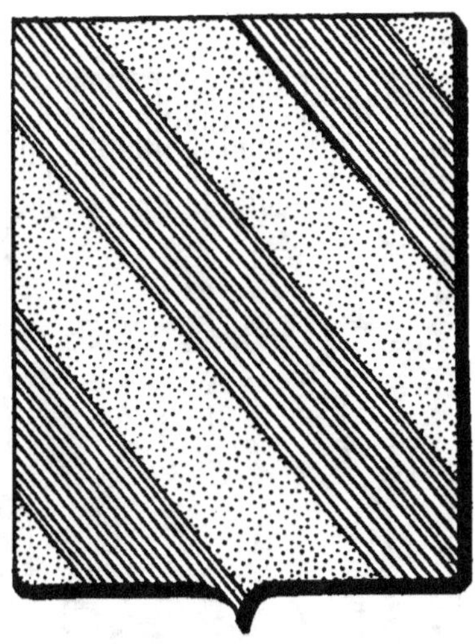

D'or, à trois bandes de sinople.

(Ann. de la nobl. 1848).

SALAGNAC DE FENELON (Abbé François de). Né en 1641 et frère consanguin de l'archevêque de Cambrai, il entra dans la compagnie de Saint-Sulpice en 1665 et passa au Canada en 1667. Il demeura en ce pays jusqu'en 1674. En cette année, il eut des démêlés restés fameux avec Frontenac. L'abbé de Fénelon est mort en 1679.

BIBLIOGRAPHIE : Allaire, Dict. du clergé. — Verreau, Les deux abbés de Fénélon.

d'URFÉ

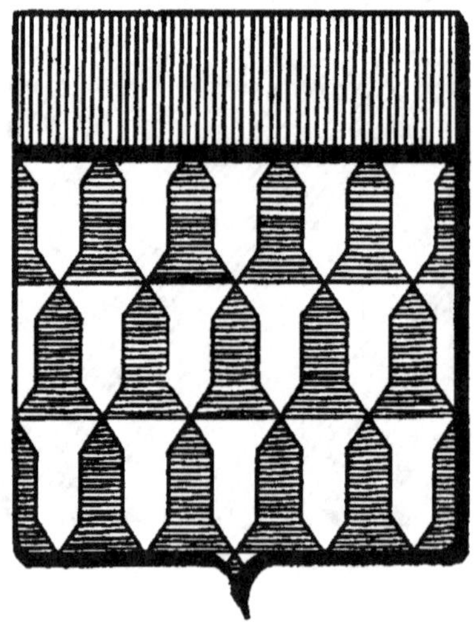

De vair, au chef de gueules.

(Ann. de la nobl. 1884).

URFÉ (Abbé François-Saturnin Lascaris d'). "Descendant de l'ancienne famille impériale de Constantinople, il naquit à Paris et entra chez les Sulpiciens... après avoir été marquis de Beauzé." Il fut abbé de Saint-Just et d'Urzèche, puis se rendit à Montréal en 1668. Curé de Ste-Anne du bout de l'île en 1677, missionnaire à la baie de Quinté, etc. Il retourna en France en 1687 et décéda à Paris, le 30 juin 1701.

BIBLIOGRAPHIE : Allaire, Diction. du clergé.

VACHON DE BELMONT

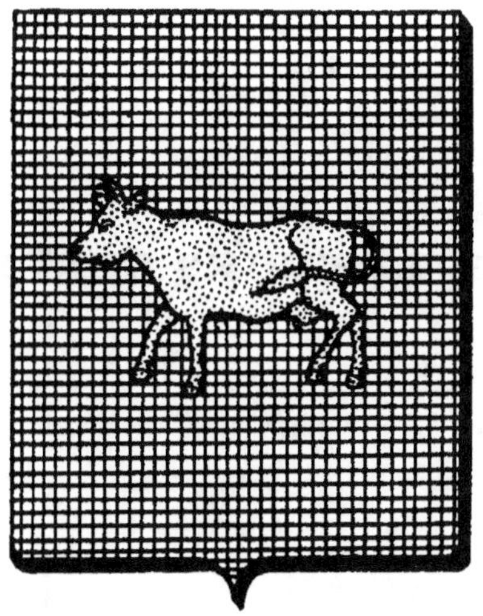

De sable, à la vache d'or.

(Ann. de la nobl. 1857).

VACHON DE BELMONT (François). Né à Grenoble, l'an
1645. Ordonné à Montréal en 1681, il a été supérieur des
Sulpiciens du Canada, grand vicaire et supérieur des Sœurs
de la Congrégation. On lui doit une petite histoire du Canada.
Mort à Montréal, le 22 mai 1732.

BIBLIOGRAPHIE : Allaire, Diction. du clergé.

GOUVERNEURS GENERAUX

BRAS-DE-FER DE CHATEAUFORT

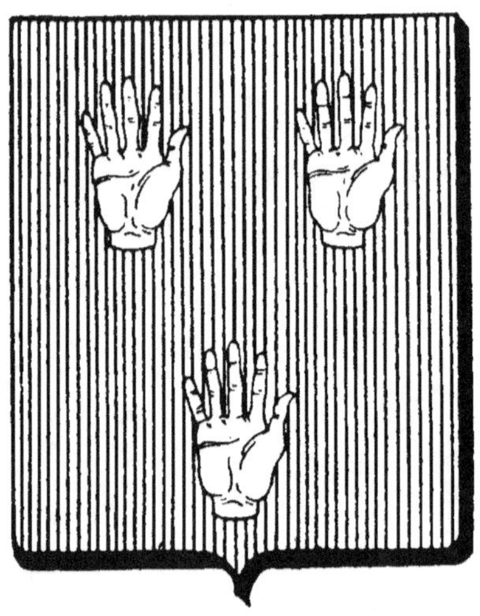

De gueules, à trois mains d'argent. (*Alias:* trois poings ou gantelets mis en bande).

(La Chesnaye des Bois, IV, 22).

BRAS-DE-FER DE CHATEAUFORT (Marc-Antoine). Après la mort de M. de Champlain, en décembre 1635, le sieur Bras-de-fer, seigneur de Chateaufort prit charge des affaires de la colonie jusqu'à l'arrivée du gouverneur de Montmagny, au mois de juin 1636. M. de Chateaufort devint alors gouverneur des Trois-Rivières. Il était chevalier de Malte.

BIBLIOGRAPHIE : B. R. Hist. IX, 186.

HUAULT DE MONTMAGNY

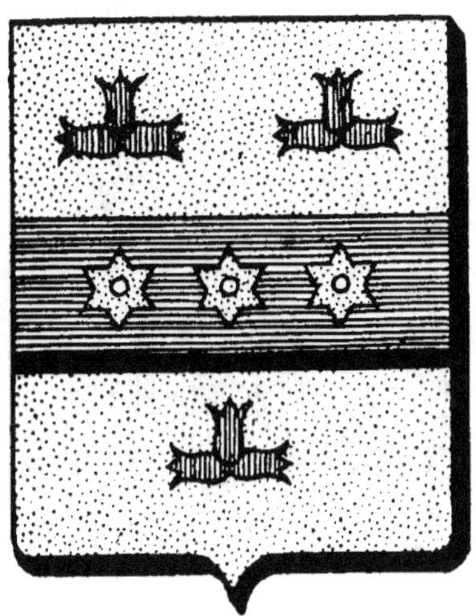

D'or, à la fasce d'azur chargée de trois molettes d'éperon d'or et accompagnée de trois coquerelles de gueules.

(La Chesnaye des Bois, Dict. X).

MONTMAGNY (Charles-Jacques Huault de). Chevalier de Malte. Gouverneur de la Nouvelle-France de 1636 à 1648. Plus tard, il fut nommé par l'Ordre de Malte, receveur du grand prieuré de France. De là, il fut dirigé sur l'île Saint-Christophe dans les Antilles où l'on croit qu'il mourut.

Bibliographie : B. R. H. XVI, 11.

D'AILLEBOUST

De gueules, au chevron d'or accompagné de trois étoiles du même.
(Daniel, Nos gl. nat. I, 7).

D'AILLEBOUST, Sr de Coulonge (Louis). Vint à Montréal
en 1643. Remplaça M. de Maisonneuve de 1645 à 1647, puis
fut nommé gouverneur du pays en 1648. Mort à Montréal le
31 mai 1660.

Charles D'Ailleboust des Musseaux, son neveu, occupa pendant longtemps la charge de lieutenant civil et criminel à
Montréal. Sa descendance s'est illustrée sous les noms de Coulonge, de Périgny, d'Argenteuil, de Manthet, de Cuisy, de La-
villon, de Cerry.

BIBLIOGRAPHIE : Daniel, Nos Gloires Nationales.

de **LAUZON**

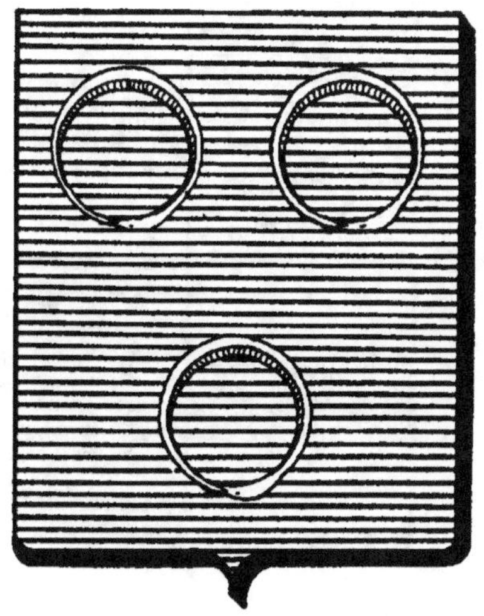

D'azur, à trois serpents encerclés d'argent.

(Ann. de la Nobl. 1911, p. 207).

LAUZON (Jean de). Intendant du Dauphiné, il fut gouverneur de la Nouvelle-France de 1651 à 1657. Il était père de Jean de Lauzon, grand sénéchal de la Nouvelle-France, tué en 1661, de Louis de Lauzon, seigneur de la Citière et de Gaudarville, mort en 1659, et de Charles de Lauzon-Charny qui embrassa l'état ecclésiastique et exerça son ministère en ce pays.

BIBLIOGRAPHIE : Mem. de la Soc. Hist. de M. 2e livraison.

Nota. — Dans les armoiries du 17e siècle, les serpents ont la tête en bas, comme dans le dessin ci-dessus. Voir Geliot, La vraie et parfaite science.

VOYER D'ARGENSON

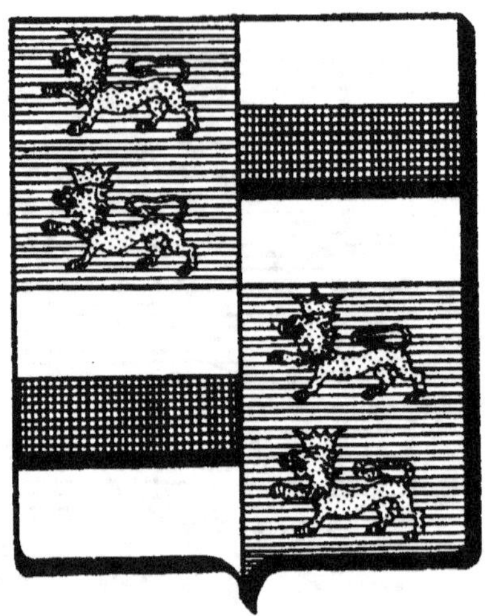

Ecartelé : aux 1 et 4 d'azur, à deux lions léopardés d'or, couronnés de même, armés et lampassés de gueules, qui est de *Voyer ;* aux 2 et 3 d'argent, à une fasce de sable qui est d'*Argenson.*

(Ann. de la Nobl. 1848).

VOYER D'ARGENSON (Pierre de). Originaire de la Touraine, allié aux Lusignan, aux Aloigny de la Groie, etc. Né en 1625, il fut tonsuré en 1636, mais laissa la robe pour l'épée et devint gentilhomme ordinaire de la chambre du roi. Nommé gouverneur de la Nouvelle-France en 1651, il quitta ce poste en 1661 et servit dans l'armée avec éclat. Au siège de Bordeaux, il reçut plusieurs blessures et mourut en 1709.

BIBLIOGRAPHIE : La Chesnaye des Bois, XIX, 946 — Magny, Nobil. universel, I, 37.

D'AVAUGOUR

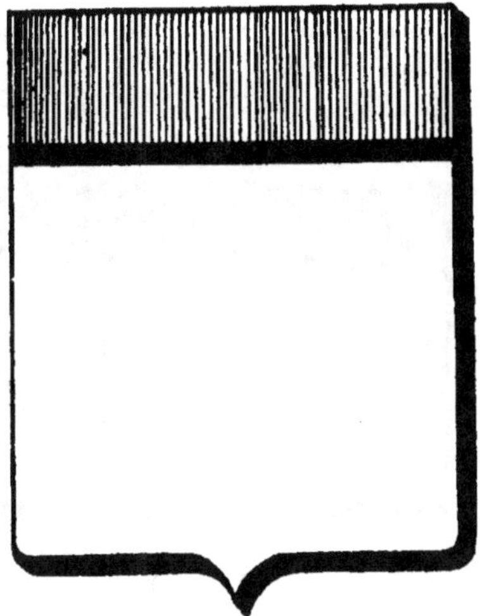

D'argent, au chef de gueules.

(Armorial de Bretagne, vol. I.)

AVAUGOUR (Pierre du Bois, baron d'). Gouverneur de la Nouvelle-France du 31 août 1661 au 23 juillet 1663. A son retour en Europe, il prit part à la campagne contre les Turcs et fut tué en 1664, en Hongrie. Avant de venir au Canada, M. d'Avaugour avait été ambassadeur de France, en Suède.

BIBLIOGRAPHIE : Guérin, Dictionnaire, Supplément.

SAFFRAY DE MÉSY

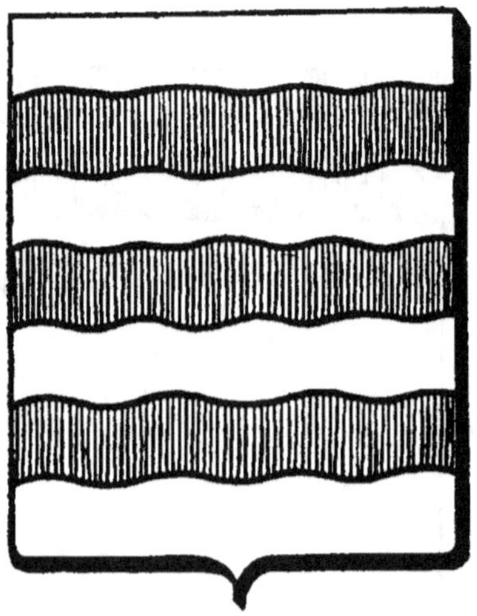

D'argent, à trois fasces ondées de gueules.

(La Chesnaye des Bois, vol. IV).

SAFFRAY DE MÉSY (Augustin de). Issu d'une famille nor-
mande, il était major de la ville et de la citadelle de Caen,
lorsqu'il fut nommé, en 1663, gouverneur de la Nouvelle-France.
Ce fut sous sa courte administration que fut fondé le Conseil
Souverain. M. de Mésy mourut à Québec le 5 mai 1665.

BIBLIOGRAPHIE : de Magny, Nob. de Normandie, I, 134. — P. de
Courcy, Nob. et Arm. de Bretagne, II, 380 — Guy Chamillart, Recherches de la nob., généralité de Caen, en 1666.

de **FRONTENAC**

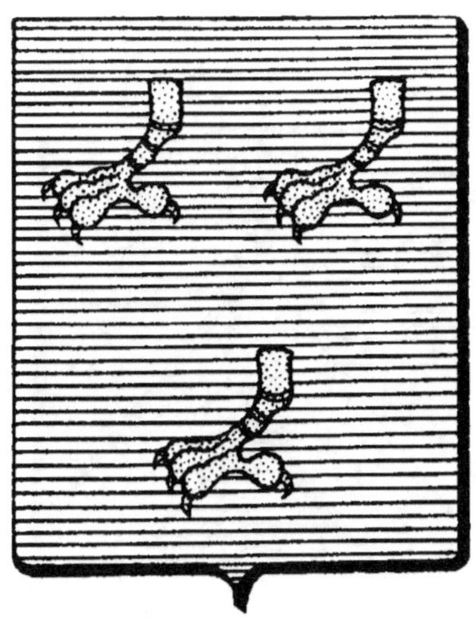

D'azur, à trois pattes de griffon d'or.
(D'après un sceau, aux archives de Montréal).

FRONTENAC (Louis de Buade, de Palluau, comte de). Le plus illustre des gouverneurs généraux de la Nouvelle-France. Il fut en fonction de 1672 à 1682 et de 1689 à 1698. Défendit Québec avec succès contre l'amiral Phipps, en 1690. Mort à Québec le 28 novembre 1698, à l'âge de 78 ans.

BIBLIOGRAPHIE : Myrand, Frontenac et ses amis. — Parkman, Count Frontenac and New France. — Lorin, Le comte de Frontenac.

Nota. — Todd, Armory and lineages of Canada, 1914, Addenda, 18, donne : d'azur à 3 griffons, ce qui n'est pas conforme aux sceaux de Frontenac dans les archives de Montréal et de Québec.

LEFEBVRE DE LA BARRE

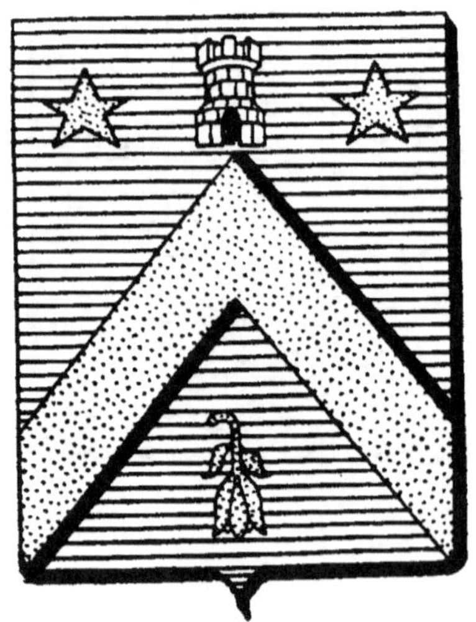

D'azur, au chevron d'or surmonté d'une tour d'argent, accompagné en chef de deux étoiles et, en pointe, d'une ancolie d'or.

(Ann. de la nobl., 1859, p. 382).

LEFEBVRE DE LA BARRE (Antoine). Après avoir occupé plusieurs charges importantes en France, il fut nommé gouverneur général de notre pays, en juin 1682 et resta en fonction jusqu'à l'automne de 1684. Mort en France, au mois de mai 1688.

BIBLIOGRAPHIE : B. R. H. II, 82, et XX, 46.

BRISAY DE DENONVILLE

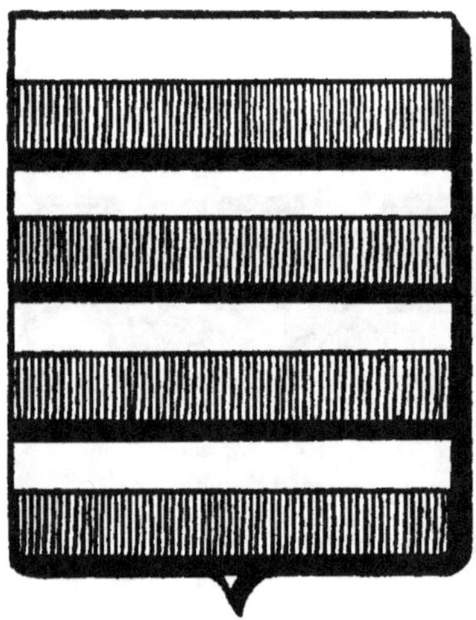

Fascé d'argent et de gueules de huit pièces.
(D'après un sceau aux archives de Montréal).

DENONVILLE (Jacques-René de Brisay, marquis de). Colonel de dragons. Fut gouverneur de la Nouvelle-France du 18 août 1685 au 11 octobre 1689. "Son administration fut malheureuse en dépit de ses bonnes intentions."

Il est mort le 22 septembre 1710.

BIBLIOGRAPHIE : Guérin, Dictionnaire, Supplément. — Brisay, Histoire des seigneurs de Brisay.

CALLIERES

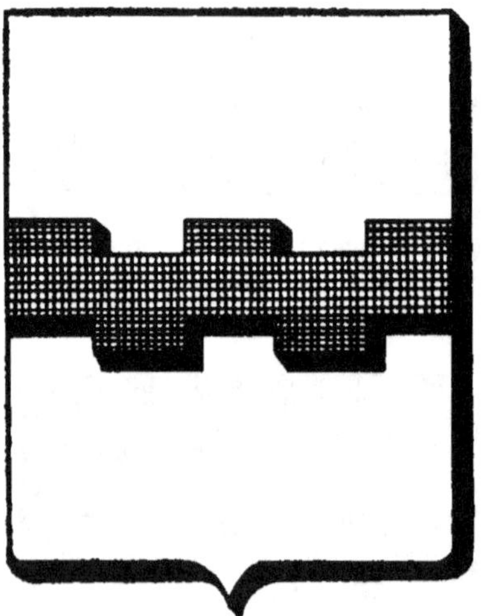

D'argent, à une fasce contre-bretessée de sable.

(Ann. de la nobl. 1889).

CALLIERES (Louis-Hector de). Né en 1646, il fut gouverneur de Montréal de 1684 à 1698 et de la Nouvelle-France, de 1698 à 1703. Mort à Québec le 26 mai 1703.

M. de Callières "servit le Canada pendant plus de vingt ans avec une grande sagesse et une grande habileté."

BIBLIOGRAPHIE : Guérin, Dictionnaire. Supplément. — Leblond de Brumath, Histoire de Montréal. — Mém. Soc. Roy. 1890, p. 91.

RIGAUD DE VAUDREUIL

D'argent, au lion de gueules (la queue léopardée) couronné de même.
(Daniel, N. G. N., I, 73).

RIGAUD DE VAUDREUIL (Philippe). Originaire de Vaudreuil, France.   Né en 1643.   Il épouse à Québec le 21 novembre 1690, Louise Elisabeth de Joibert de Marson.   Grand'croix de St-Louis, seigneur, puis marquis en 1702.   Obtint une seigneurie en 1702.   Fut gouverneur de Montréal de 1698 à 1703, et gouverneur général de 1703 à 1725.

Pierre-François, son troisième fils, né en 1698, fut le dernier gouverneur général français (1752-1760).

BIBLIOGRAPHIE : Bibaud, Panthéon canadien. — Tanguay, I, 183, VI, 352. — La Chesnaye des Bois, Dict. XVII, p. 89. — D'Hozier, Armorial de France.

BEAUHARNOIS

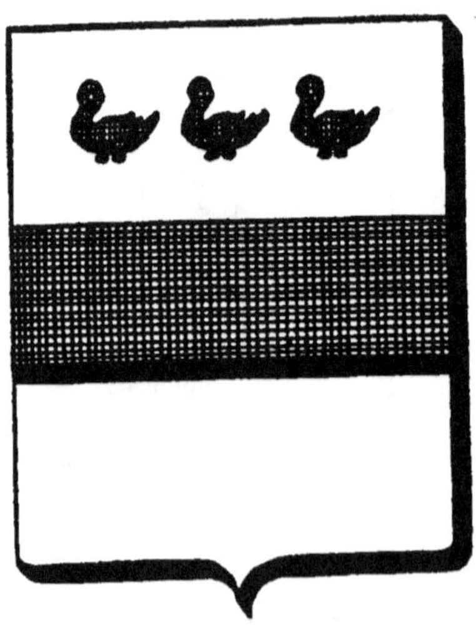

D'argent à une fasce de sable, surmontée de trois merlettes de même.
(Gheresi, Blason Héraldique, p. 244).

BEAUHARNOIS (François de). Septième intendant de la Nouvelle-France, du 5 octobre 1702 au 17 septembre 1705. Né en 1665, il mourut le 8 octobre 1746.

Charles, frère de François. Nommé marquis en même temps que gouverneur du Canada en 1726. Il occupa ce poste jusqu'en 1747. Ce fut sous son administration que de la Verendrye découvrit le Nord-Ouest. Il est mort le 12 juin 1749.

Claude, frère des précédents. Il obtint la seigneurie qui porte son nom en 1729.

Cette famille est plus connue dans l'histoire de France sous le nom de Beauharnais.

BIBLIOGRAPHIE : Bulletin des Recherches Historiques, VII, 302.

3

BARRIN DE LA GALISSONNIERE

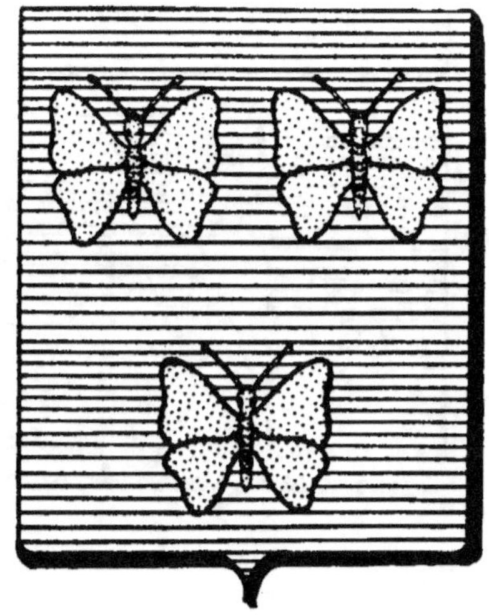

D'azur, à trois papillons d'or.

(D'après un sceau aux archives de Montréal).

GALISSONNIERE (Roland-Michel Barrin de la).   Né à Rochefort en 1693, il entre dans la marine en 1710 et devient administrateur de la Nouvelle-France en 1747.   Deux ans plus tard, il retourne en France et on le nomme chef d'escadre, puis membre de l'Académie des sciences.   Ce fut un excellent marin et un savant distingué. Il mourut à Nemours le 26 octobre 1756.

BIBLIOGRAPHIE : Dussieux : Généraux et Marins du XVIIIe siècle.

JONQUIERES

D'azur, à six coupeaux en pointe, surmontée d'un annelet, le tout d'argent, au chef d'argent chargé d'un croissant de gueules accosté de deux étoiles du même.

(D'après un sceau aux archives de Montréal).

JONQUIERES (Jacques-Pierre de Taffanel, marquis de la). Nommé gouverneur de la Nouvelle-France en 1746, il ne put prendre son poste qu'en 1749. Il mourut à Québec en 1752 après une administration fortement critiquée. Marin habile et valeureux, il était chef d'escadre lors de son arrivée au pays.

BIBLIOGRAPHIE : Graincourt, Hist. des hom. ill. de la marine fran.— Jonquières, Le chef d'escadre de la Jonquières.

DUQUESNE DE MENNEVILLE

D'argent, au lion de sable armé et lampassé de gueules.

(Ann. de la nobl. 1862).

DUQUESNE DE MENNEVILLE (Ange). Il entra dans la marine à l'âge de douze ans (1714) et en 1746 il était major.

Nommé gouverneur général du Canada en 1752, il occupa ce poste jusqu'en 1755, alors qu'il accepta le grade de chef d'escadre. Il mourut à Antony (Seine) le 17 septembre 1778.

BIBLIOGRAPHIE : Magny, Nobiliaire de Normandie, II, 587. — B. H. H., XII, 53.

INTENDANTS

ROBERT

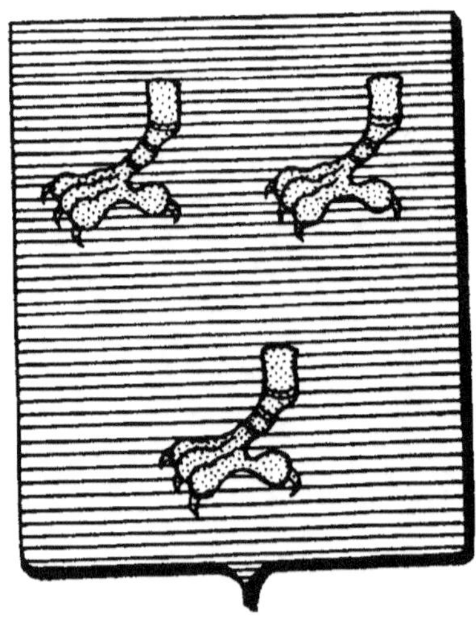

D'azur, à trois pattes d'aigles d'or.

(B. R. H. IX, 53 et Gheusi, 129).

ROBERT, sieur de Fortelle (Louis). Né en 1636, il fut intendant à Bergues, à Dunkerque, en Hollande, etc., puis, le 21 mai 1663 le roi le nommait intendant du Canada, cependant il ne vint pas occuper sa charge.

Edmé-Nicolas Robert, neveu du précédent, obtint l'intendance du Canada en 1724 et il s'embarqua le 24 juillet de cette année pour la Nouvelle-France, mais il mourut le soir même, à bord du navire qui devait le transporter.

BIBLIOGRAPHIE : B. R. H., IX, 50.

Nota — Les armes des Robert ne diffèrent de celles de Frontenac que dans la description. Dans l'une on dit, pattes d'aigles et dans l'autre : pattes de griffon ; or c'est la même chose puisqu'un griffon est un animal fabuleux moitié lion moitié aigle.

TALON

D'azur, au chevron d'argent, accompagné de trois épis montants d'or, soutenus chacun d'eux d'un croissant montant d'argent.

(Bul. Rech. Hist. VII, 235).

TALON (Jean). Premier intendant venu au pays. Sa nomination date du 21 mars 1665. Il retourna en France en 1668 et revint en 1670. Il reçut la seigneurie des Islets avec le titre de baron qu'il fit ensuite changer en comte d'Orsainville. Plus tard, il réussit à faire transférer le titre de comté à une terre qu'il avait en France. Mort en 1694.

BIBLIOGRAPHIE : B. R. H., VII, 235. — T. Chapais, Jean Talon.

Nota — Dans l'Annuaire de Villemarie, I, 393, on reproduit, d'après une plaque de 1672, les armes de Talon, et toutes les pièces sont d'or. Nous avons vu cette plaque, à la Fabrique de Notre-Dame et nous avons constaté qu'aucun émail n'est indiqué.

BOUTEROUE

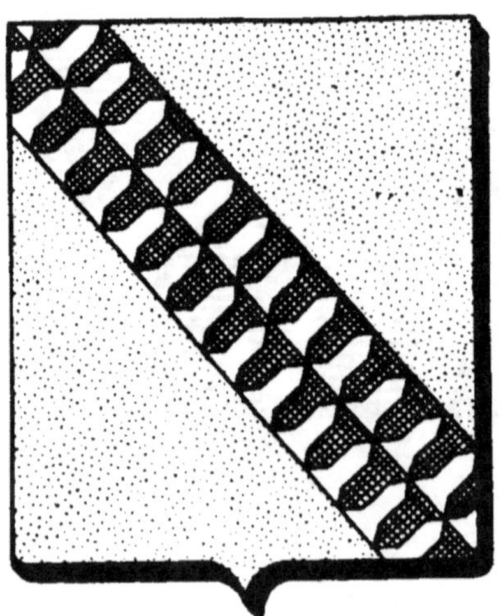

D'or, à la bande vairée d'argent et de sable.

(B. des R. H., VIII, **343**).

BOUTEROUE (Claude de). Intendant de la Nouvelle-France du 7 septembre 1668 jusqu'au 22 octobre 1670, il mourut en France en 1680.

BIBLIOGRAPHIE : B. R. H., VIII, **343**.

DUCHESNEAU

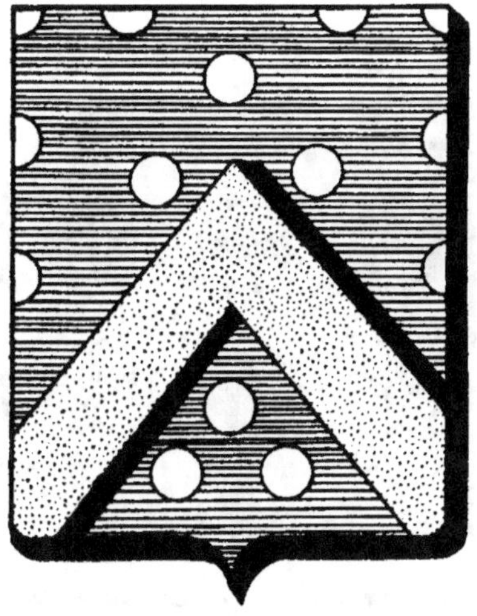

D'azur, semé de besants d'argent au chevron d'or brochant sur le tout.

(La Chesnaye des Bois).

DUCHESNEAU (Jacques). Intendant de la Nouvelle-France du 30 mai 1675 au 9 mai 1682.

Fils de Jean Duchesneau, chevalier, seigneur des Breux et Montay et échanson du roi, Jacques fut chevalier, conseiller du roi, trésorier de France et général de ses finances en Touraine, seigneur de la Doussinière et d'Ambault.

Bibliographie : Bull. des R. H., IX, 184.

de MEULLES

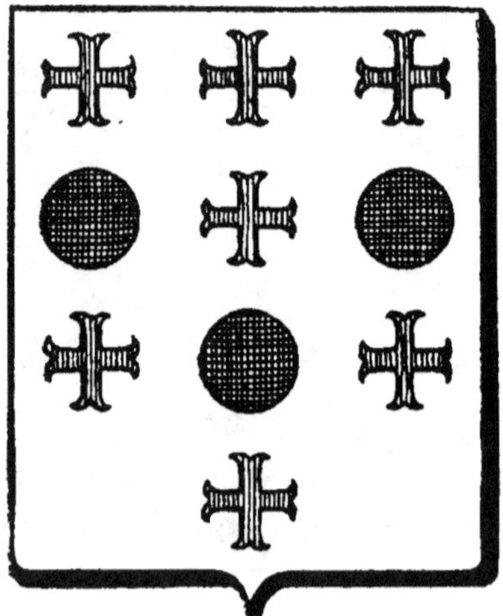

D'argent, à trois tourteaux de sable, accompagnés de sept croix ancrées de gueules, trois en chef, une, deux et une.

(Revue historique de la nobl., II, 140).

MEULLES (Jacques de). Il s'intitulait : seigneur de la Source et grand bailli d'Orléans. M. de Meulles occupa le poste d'intendant de la Nouvelle-France du 9 octobre 1682 au 23 septembre 1686. Il vivait encore en 1707.

Bibliographie : Bul. des rech. hist., VIII, 268.

BOCHART DE CHAMPIGNY

D'azur à un croissant d'or abaissé sous une étoile de même.
(Bull. des R. H., VII, 327).

BOCHART DE CHAMPIGNY (Jean). Arrivé à Québec en juillet 1686 pour occuper le poste d'intendant de la Nouvelle-France, il quitta le pays le 5 octobre 1702. M. Bochart est mort au Hâvre-de-Grâce au mois de décembre 1720.

BIBLIOGRAPHIE : B. des R. H., VII, 325 et XX, 80.

RAUDOT

D'azur, au chevron d'argent, chargé de trois trèfles de sinople et accompagné, en chef de deux étoiles d'argent et, en pointe, d'un croissant du même.

(B. R. H., IX, 159).

RAUDOT (Jacques et Antoine-Denis). Famille originaire de Bourgogne. Le roi nomma Jacques intendant de la Nouvelle-France, le 1er janvier 1705 et lui adjoignit son fils Antoine-Denis.

Jacques était né en 1647 et il avait été conseiller à la cour des aides, à Paris.

Antoine-Denis naquit en 1679 et il était inspecteur de la marine à Dunkerque lors de son départ de France.

BIBLIOGRAPHIE : B. R. H., IX, 157.

BEGON

D'azur, au chevron accompagné en chef de deux roses et, en pointe, d'un lion, le tout d'or.

(B. des R. H., VIII, 169).

BEGON (Michel). Chevalier, seigneur de la Picardière, Marbelin, etc. Il avait épousé Elisabeth de Beauharnois, sœur de l'intendant et du gouverneur. Nommé intendant en 1712, il arriva à Québec au mois d'octobre de la même année et il en repartit en 1726. Né vers 1674, il mourut en 1740.

BIBLIOGRAPHIE : Bul. des Rec. Hist., VIII, 163.

CHAZELLES

D'azur, à une tête de léopard d'or, lampassée de gueules ; au chef cousu de gueules chargé à dextre d'un croissant d'argent et, à senestre, d'une étoile du même.

(de Magny, Nobiliaire universel II, 68).

CHAZELLES (Guillaume de). Nommé, en 1725, pour remplacer l'intendant Bégon, il s'embarqua à Rochefort au mois de juillet sur le *Chameau,* mais n'arriva pas à destination, car le navire qui le transportait périt à l'entrée du golfe St-Laurent corps et biens.

BIBLIOGRAPHIE : Bul. des Rec. Hist., VII, 75.

DUPUY DE LA GRANDRIVE

D'azur, au lion de sable sortant d'un puits d'argent, une étoile d'argent de même en chef.

(B. des R. H., XVI, 90).

DUPUY DE LA GRANDRIVE (Claude Thomas). Intendant
de la Nouvelle-France de 1725 à 1728. Il était avocat au Cha-
telet de Paris et s'occupait de recherches scientifiques. Le premier, il fit des sphères mobiles, d'après le système de Copernic.
Lors de son décès, arrivé en Bretagne, en 1737, il faisait l'expé-
rience de nouvelles pompes à eau qu'il avait inventées."

En 1732, sa famille possédait une importante papeterie à
Grandrive.

BIBLIOGRAPHIE : B. R. H., XVI, *loc. cit.*

HOCQUART

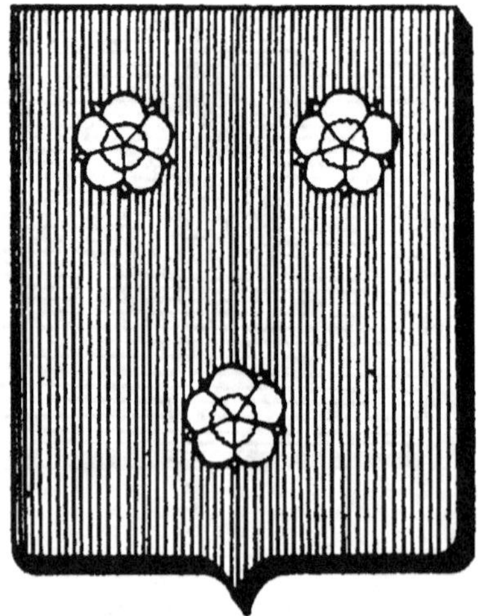

De gueules, à trois roses d'argent.
(D'après un sceau des archives de Montréal).

HOCQUART (Gilles). Intendant de la Nouvelle-France de 1729 à 1748. Après son retour en France, il devint intendant de Brest en 1749, puis conseiller d'Etat en 1753. Montcalm a fait un bel éloge de son honnêteté. Ce fut Bigot qui remplaça Hocquart !

BIBLIOGRAPHIE : B. R. H., VII, 7.

BIGOT

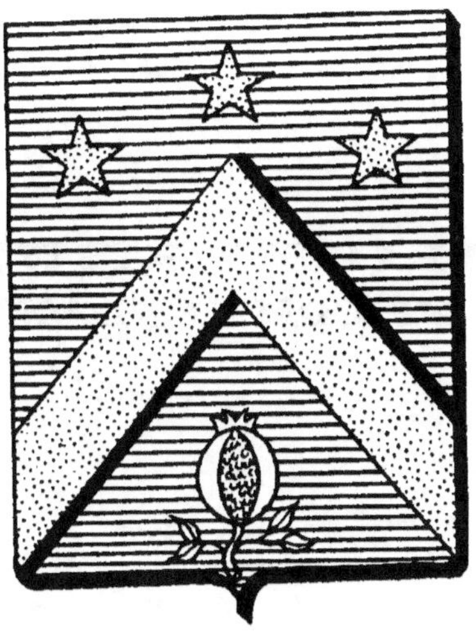

D'azur, à un chevron d'or, accompagné en chef de trois étoiles mal ordonnées, de même, et, en pointe, d'une grenade d'argent.

(Armorial général de France pour la Guyenne, pp. 92 et 197).

BIGOT (François). Né à Bordeaux, le 30 janvier 1703, il était fils de Louis Bigot, conseiller du Roi au Parlement. Après avoir été fonctionnaire au Cap Breton et à Louisbourg, il succéda à M. Hocquart en qualité d'intendant de la Nouvelle-France. Son administration est restée fameuse. A son retour en France, il fut arrêté. On croit qu'il mourut vers 1775.

BIBLIOGRAPHIE : Dussieux, Le Canada sous la Domination française, 187.

GOUVERNEURS PARTICULIERS
ET COMMANDANTS

BIENCOURT DE POUTRINCOURT

De sable, au lion d'argent, couronné, armé et lampassé d'or.

(La Chesnaye des Bois, III, 203).

BIENCOURT, baron de Poutrincourt (Jean de). Venu au Canada avec M. de Monts en 1604, il obtint la propriété de Port-Royal. Après son retour en France, il devint gouverneur de Mery-sur-Seine où il mourut en 1615, en combattant.

Son fils, Charles, fut gouverneur de Port-Royal en 1610. Il mourut en Acadie vers 1623.

BIBLIOGRAPHIE : Bul. des Rech. Hist., XII, 124.

BOIS BERTHELOT DE BEAUCOURT

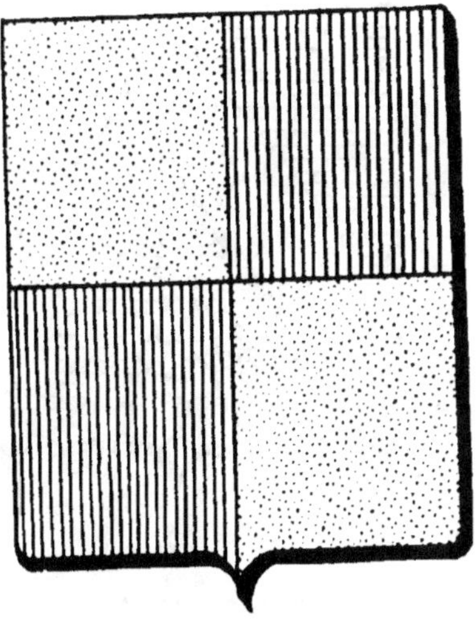

Ecartelé d'or et de gueules.

(Gilles Bouvier, Le Hérault d'armes, vol. 1.)

BOIS BERTHELOT DE BEAUCOURT (Josué-Maurice de).
Originaire de Bretagne, il commandait à l'île Saint-Jean, en
1722. Ensuite, on le trouve gouverneur des Trois-Rivières en
1730, et gouverneur de Montréal, en 1733. Il fut mis à sa re-
traite en 1748, à cause de son grand âge.

BIBLIOGRAPHIE : Bul. des Rec. Hist., XI, 171.

BOUCHER DE BOUCHERVILLE

D'azur, au chevron d'argent accompagné en chef d'un lis de jardin accosté de deux glands d'or et en pointe, d'un rocher surmonté d'une croix latine, le tout d'argent.

(D'après un sceau aux archives de Montréal).

BOUCHER DE BOUCHERVILLE (Pierre). Né en 1622, anobli en 1661, il fut gouverneur des Trois-Rivières et rédigea une intéressante Histoire naturelle et véritable de la Nouvelle-France. "Homme remarquable par son dévouement et son caractère." Mort en 1717.

Sa descendance se divise en Boucher de Boucherville, de Grosbois, de La Bruère, de Niverville, de la Broquerie, de Montarville, de la Périère, de Montbrun, etc.

BIBLIOGRAPHIE : Daniel, Grandes familles, 216. — Lalande, une vieille seigneurie. — Annuaire de Villemarie, 2e série.

CHAMBLY

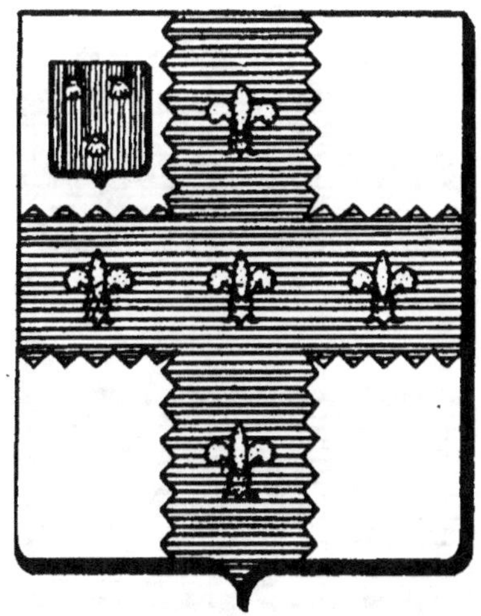

D'argent, à la croix d'azur endentée, chargée de cinq fleurs de lys d'or, à dextre un écusson de gueules chargé de trois coquilles d'argent.

(Ann. de la Nobl. 1849-50, p. 315).

CHAMBLY (Jacques de). Officier du régiment de Carignan. Fondateur du fort St-Louis ou Chambly en 1665. Commandant de l'Acadie en 1673. Gouverneur provisoire de la Grenade en 1679, puis de la Martinique, en 1680. Mort le 15 août 1687 à ce dernier endroit.

La famille de ce nom s'est éteint en 1741.

Bibliographie : Ann. de la Nobl., ci-dessus cité.

DEJORDY DE CABANAC

D'azur, à une fasce d'argent, accompagnée en chef de trois molettes d'or et, en pointe, de trois croissants d'argent, posés deux et un.

(Couillard, Hist. des Seig. de la riv. du sud, p. 300).

DEJORDY DE CABANAC (Joseph), Seigneur de Tolomers et de Garme, il épousa, en 1691, Madeleine, fille d'Etienne Pezard de la Touche, seigneur de Champlain. Il fut major et commandant aux Trois-Rivières.

Son cousin, François Dejordy de St-Georges, capitaine et chevalier, portait des armes différentes ainsi qu'on le constate par un sceau au palais de justice de Montréal.

DESCHAMPS DE BOISHEBERT

D'argent, à trois perroquets de sinople passant, onglés et becqués de gueules.

(La Chesnaye des Bois, Diction. et Gheusi, p. 129). (1)

DESCHAMPS DE BOISHEBERT (Henri-Louis). Fils de J. B. Deschamps de la Bouteillerie, seigneur de la rivière Ouelle, il naquit à cet endroit le 7 février 1679. En 1728, il était capitaine et commandait au Détroit. Marié en 1721, à Louise Geneviève de Ramezay, fille du gouverneur de Montréal, il décède à Québec, le 6 juin 1736.

BIBLIOGRAPHIE : P. G. Roy, La famille Deschamps de Boishébert. — Des Champs, La famille Boishébert.

(1) Dans son nobiliaire de Normandie, II, 651, M. de Magny dit qu'une famille Deschamps portait ces armes avec les *perroquets contournés*, c'est-à-dire entièrement tournés à senestre.

GALIFFET

De gueules, au chevron d'argent accompagné de trois trèfles d'or.
(La Chesnaye des Bois).

GALIFFET, Sr de Cassin (Louis-François de). Né en 1666 à Notre-Dame de Grâces de Voiron. Capitaine en 1688, il passe au Canada et commande aux Trois-Rivières de 1689 à 1691. Major à Québec de 1692 à 1698, il épouse à cet endroit, en 1697, Catherine Aubert de La Chesnaye. Lieutenant du roi à Montréal en 1699, et gouverneur des Trois-Rivières en 1710, il retourne en France en 1716 et décède à Avignon en 1746.

BIBLIOGRAPHIE : Roy, Famille Aubert de Gaspé, p. 60.

GAULTIER DE VARENNES

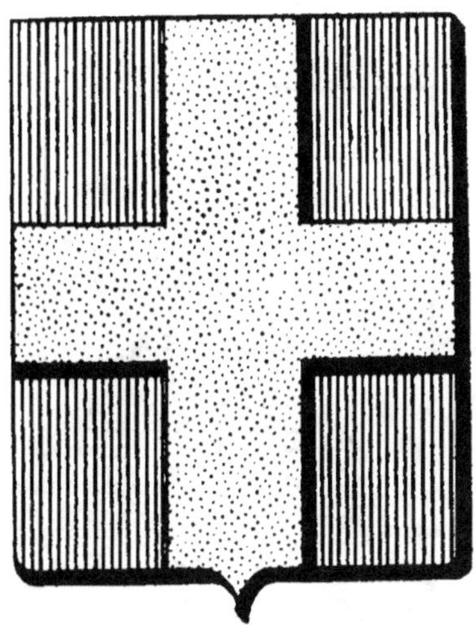

De gueules, à la croix d'or.

(Gilles Bouvier — Le Héraut d'armes).

GAULTIER DE VARENNES (René). Né en 1634, il épousa aux Trois-Rivières, le 26 septembre 1667, Marie Boucher de Boucherville. La même année, il fut gouverneur des Trois-Rivières, puis de nouveau en 1669 jusqu'à sa mort, au mois de juin 1689. De son mariage naquirent plusieurs enfants, parmi lesquels Pierre Gaultier, Sr de la Verendrye se distingua spécialement. (1)

BIBLIOGRAPHIE : Tanguay, Dict. généal. — Bul. des Rec. Hist., II, 69.

(1) Le sceau de ce dernier, différent de celui de M. de Varennes est au palais de Justice de Montréal, mais nous n'avons pu encore déterminer quels sont les émaux ou les métaux du champ et des pièces.

JOIBERT DE MARSON ET SOULANGES

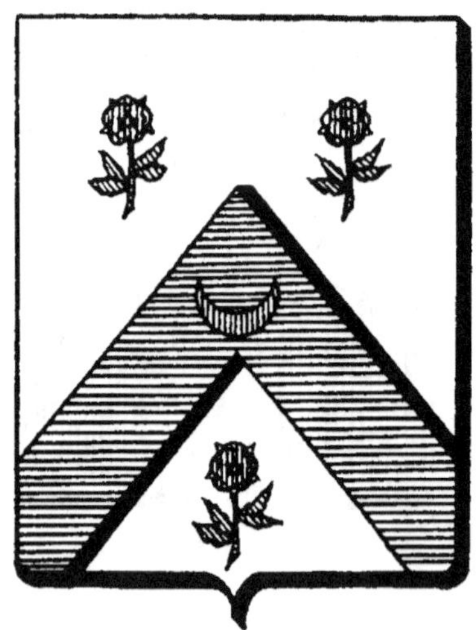

D'argent, au chevron d'azur chargé d'un croissant de gueules accompagné de trois roses du même, tigées et feuillées de sinople.

(B. R. H. XV, 223).

JOIBERT DE MARSON ET DE SOULANGES (Pierre). Après avoir servi en Portugal, M. Joibert passa en Acadie où il eut un commandement en 1678 et y reçut une concession. En 1702, il reçut de plus, en haut de Montréal, la seigneurie de Soulanges qui par la suite, passa à la famille de Beaujeu.

BIBLIOGRAPHIE : B. R. H., XIV, 57, XV, 223. — Daniel N. G. N. I, 144. — Rameau, Une colonie féodale en Amér., pp. 117, 123, 130.

LE PREVOST DU QUESNEL

D'azur, à un chevron d'argent, accompagné en chef de deux coquilles d'or et, en pointe d'une hure d'argent.

(Ann. de la noblesse, 1866).

PREVOST DU QUESNEL (Le). Choisi en 1740 pour remplacer M. de Forant à l'île Royale, comme commandant. Trois ans plus tôt, étant capitaine du *Jason,* M. du Quesnel avait transporté au Canada, des ouvriers pour travailler aux mines des Trois-Rivières.

MENOU D'AULNAY DE CHARNISAY

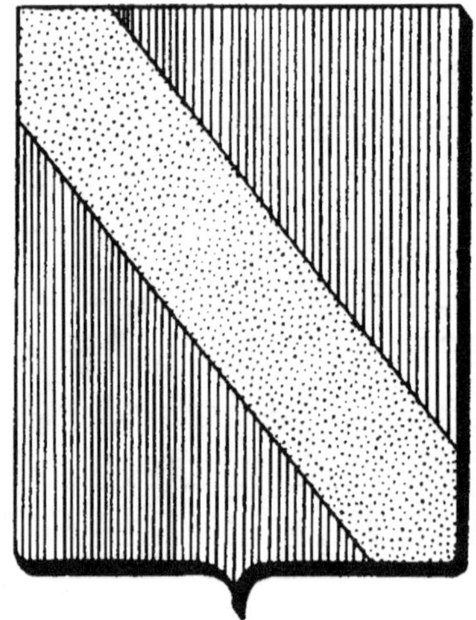

De gueules, à la bande d'or.

(Ann. de la nobl. 1852).

MENOU, Sr d'Aulnay de Charnisay (Charles de). Il accompagna en Amérique, en 1632, le commandeur de Rasilly (q.v.) dont il était le lieutenant et auquel il succéda comme gouverneur de l'Acadie en 1638. On le considère comme le véritable fondateur de Port Royal. Il mourut de froid au retour d'une exploration en 1650.

BIBLIOGRAPHIE : B. des R. H., V. 124. — Casgrain, Un pèlerinage au pays d'Evangeline.

MOREL DE LA DURANTAYE

D'argent, à un léopard passant de gueules.

(Sulte, Mém. de la Soc. R. 2e S. I, 3).

MOREL DE LA DURANTAYE (Olivier). Né en 1621, il se rendit ici avec le régiment de Carignan, en 1665. Il commanda dans l'armée pendant plusieurs années et se signala par sa bravoure. En récompense, il reçut une pension en 1701, puis fut nommé membre du conseil souverain en 1703. Mort vers 1720.

BIBLIOGRAPHIE : B. des R. H., XIX, 266.

PASTOUR DE COSTEBELLE

D'or, au lion de gueules, accompagné de cinq billettes d'azur **posées** en orle.

(Ann. de la nobl. 1896).

PASTOUR DE COSTEBELLE, Gouverneur de Plaisance, puis de l'île Royale, ce fut lui qui " jeta les fondations de Louisbourg."

Sa famille était originaire de Bretagne.

M. de Costebelle est mort en octobre 1717.

BIBLIOGRAPHIE : La Chesnaye des Bois, vol. XV.—Potier de Courcy, Armorial de Bretagne, II.

4

PERROT

D'azur, à deux croissants d'argent, l'un sur l'autre, celui du bas renversé ; au chef d'or chargé de trois aiglettes de sable.

(La Chesnaye des Bois, X, 720).

PERROT (François-Marie). Capitaine au régiment d'Auvergne. Nommé gouverneur de Montréal, il arriva au mois d'août 1670. Dans les actes, Perrot s'intitule : " chevalier, seigneur de Ste-Geneviève et de l'île Perrot, gouverneur pour le roi de l'isle de Montréal." Il était marié à Madeleine de la Guide, parente de Jean Talon.

Il quitta Montréal pour l'Acadie en 1684. Ses démêlés avec Frontenac forment une page curieuse de notre histoire.

BIBLIOGRAPHIE : Leblond de Brumath, Histoire de Montréal. — Chapais, Jean Talon.

Nota. — Dans l'Annuaire de Ville Marie, I, 394, est une reproduction, d'après une plaque de 1672, des armes de Perrot. Celles-ci comprennent deux écus, l'un des Perrot et l'autre de sa femme, probablement. Le graveur n'a pas réussi les aiglettes du chef et il a fait des croix.

TARIEU DE LANAUDIERE

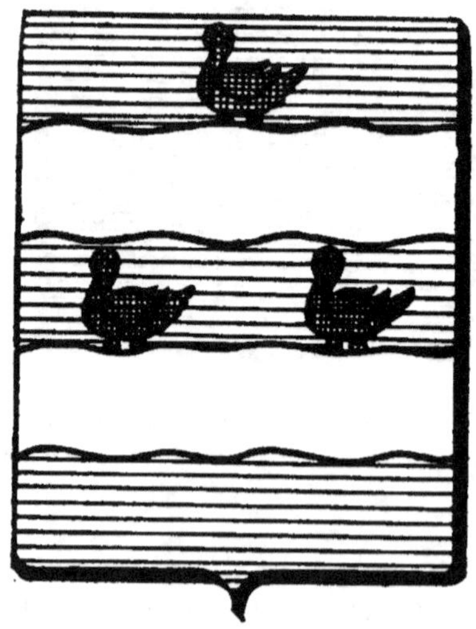

D'azur, à deux fasces ondées d'argent. accompagnées de trois merlettes voguant de sable posées une et deux.

(Daniel, Grandes fam., 447).

TARIEU DE LANAUDIERE (Thomas-Xavier). Originaire
de Guienne. Né en 1644. Officier du régiment de Carignan.
Il épouse à Québec, le 16 octobre 1672, Marguerite Renée Denis
de la Ronde. Obtint la seigneurie de Ste-Anne de la Pérade,
en 1672. Commanda à Montréal, en 1674. Mort en 1695.
Son fils, Pierre-Thomas, épousa la célèbre héroïne de Verchères.

BIBLIOGRAPHIE : Autrefois et aujourd'hui à Ste-Anne de la Pérade.

TROYE

D'azur, au chevron échiqueté d'or et de gueules, accompagné, en chef de deux étoiles d'or et, en pointe, d'un cerf couché du même.

(La Chesnaye des Bois, XIX, 239).

TROYE (Pierre de). Chevalier, capitaine. Fut chargé, en 1686, d'une expédition par terre, à la baie d'Hudson. L'expédition fut heureuse et le chevalier revint, en octobre, à Montréal. En 1687, on le chargea du commandement du fort de Niagara. Il y mourut le 8 mai 1688, du scorbut qui emporta aussi, la plupart des soldats de la garnison.

BIBLIOGRAPHIE : B. R. H., X, 284.

DECOUVREURS, MILITAIRES ET SEIGNEURS

d'ABBADIE DE SAINT-CASTIN

D'or, à l'arbre de sinople, au lévrier de gueules, accolé d'argent et attaché par une chaîne de même à l'arbre, au haut du fût ; au chef d'azur chargé d'un croissant d'argent accosté de deux étoiles d'or.

(La Chesnaye des Bois, I, 2).

ABBADIE DE SAINT-CASTIN (Jean-Vincent d'). Seigneur et baron. Né vers 1652. Venu au Canada en qualité de lieutenant, il épousa vers 1688 une Abénaquise et devint le chef des Abénaquis. Ce fut un officier renommé pour sa bravoure. Son fils *Anselme* qui épousa Charlotte D'Amours se distingua également dans le métier des armes.

BIBLIOGRAPHIE : Mém. de la Soc. Roy. 2e s. I. 87. — Rochemonteix, Jés. et la N.-F., I, 19, etc.

d'ALOIGNY DE LA GROIE

De gueules, à cinq fleurs de lys d'argent posées en sautoir.

(La Chesnaye des Bois, vol. I).

ALOIGNY DE LA GROIE (Marquis Charles-Henri d'). Originaire de Poitou, il fut major dans les troupes de la Nouvelle-France en 1702 et l'année suivante il épousait Geneviève Macard, petite fille de Guillaume Couillard et qui devint ainsi la première marquise canadienne.

Le marquis d'Aloigny périt dans le naufrage du *Saint-Jérôme,* près de l'île de Sable, dans l'automne de 1714.

BIBLIOGRAPHIE : Bull. des Rec. Hist., XIV, 155. — Couillard, Première famille française.

AUBERT DE GASPE

Parti : au 1 d'argent, chargé de trois pins de sinople posés en fasce et, en pointe, d'un croissant de gueules ; au chef d'azur chargé de trois étoiles d'or ; au 2 d'argent, chargé d'un lion de sable (la queue léopardée) tenant une croix latine du même.

(Roy, Famille Aubert de Gaspé).

AUBERT DE GASPE (Pierre). Fils de Charles-Aubert de La Chesnaye, il naquit en 1672 et décéda à St-Antoine de Tilly, le 20 mars 1731. Il avait épousé en premières noces une demoiselle Juchereau de St-Denis et, en secondes noces, Madeleine Angélique Legardeur de Tilly. Il est l'ancêtre de Philippe-Joseph Aubert de Gaspé, le fameux auteur des *Anciens Canadiens*.

BIBLIOGRAPHIE : Roy, Famille de Gaspé.

BABY DE RANVILLE

De gueules à trois lionceaux d'or lampassés de gueules, la queue
léopardée.

(Daniel, Nos Gloires Nationales, II, 35).

BABY DE RANVILLE (Jacques). Vint au Canada en 1665
avec le régiment de Carignan dans lequel il était officier. Quelques années plus tard il épousait Jeanne Dandonneau du Sablé.
Né en 1633, il fut inhumé à Champlain, le 28 juillet 1688.

Ses descendants ont brillé dans l'armée, dans la finance et
dans la magistrature.

BIBLIOGRAPHIE : Daniel, Nos Gl. Nat. *loc. cit.*

de BEAUJEU

D'or, au lion de sable armé et lampassé de gueules, au lambel à cinq pendants du même brochant.

(Archives de la famille).

BEAUJEU (Daniel Liénard de). Capitaine. Il commandait au Détroit et à Niagara en 1750, puis au fort Duquesne en 1755. Tué le 9 juillet 1755, à la bataille de la Monongahéla dans laquelle il défit les troupes de Braddock. Louis de Beaujeu, né à Montréal le 16 août 1708, fut le premier docteur en théologie de la Nouvelle-France.

BIBLIOGRAPHIE : de Beaujeu, Le héros de la Monongahéla. — Daniel, Nos Gloires Nationales. — Lindsay, L. L. de Beaujeu.

BOUGAINVILLE

D'or, à l'aigle éployé de sable.

(Nobiliaire universel, vol. II).

BOUGAINVILLE (Louis-Antoine de). Avocat, mathématicien érudit, puis secrétaire d'ambassade, il vint au Canada en 1756 et servit avec éclat sous Montcalm et Lévis jusqu'à la capitulation de Montréal. A son retour en France, il entra dans la marine et s'illustra par un voyage autour du monde ainsi que par sa bravoure qui lui valut le grade de vice-amiral. Né en 1729, il mourut en 1811. Sur ses dernières années, il était sénateur et grand officier de la Légion d'honneur.

BIBLIOGRAPHIE : Dussieux, Généraux et Marins du XVIIIe siècle.

Nota — Les armes ci-dessus furent, plus tard, changées comme suit : D'azur à une ancre et deux épées en sautoir d'or, chargées d'un globe terrestre d'argent ; au franc quartier d'azur au miroir d'or en pal, autour duquel se tortille et se mire un serpent d'argent.

BOURLAMAQUE

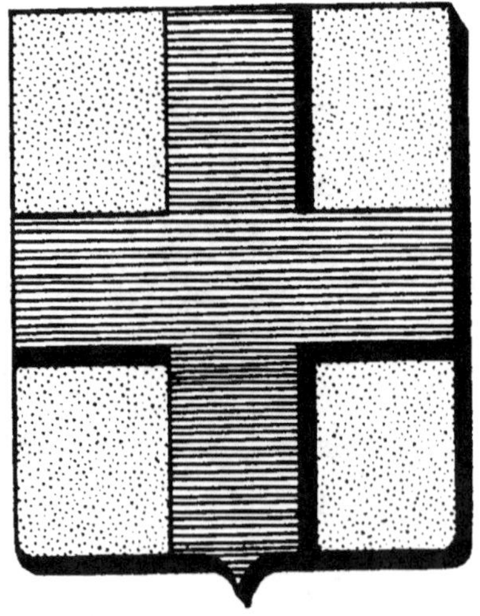

D'or, à une croix d'azur.

(La Chesnaye des Bois).

BOURLAMAQUE (François-Charles de). Colonel d'infanterie et ingénieur, il vint au Canada avec M. de Montcalm dont il fut "l'un des meilleurs lieutenants." Il repassa en France, après la cession, et fut maréchal de camp, commandeur de l'ordre de St-Louis, chevalier honoraire de l'ordre de Malte puis gouverneur de la Guadeloupe jusqu'à sa mort, en 1764.

BIBLIOGRAPHIE : Bibaud, Panthéon canadien.

CAEN

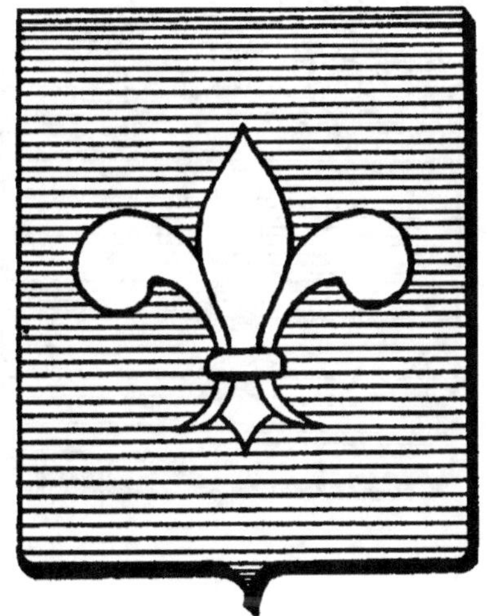

D'azur, à la fleur de lys d'argent.

(Ann. de la nobl., 1866).

CAEN (Guillaume et Emery de). Le duc de Montmorency, vice-roi de la Nouvelle-France leur confia le Canada en 1622.

Le cap Tourmente avait été érigé en baronnerie en faveur de Guillaume.

BIBLIOGRAPHIE : Etat présent de la noblesse française, 1873-74. — Bibaud, Panthéon canadien.

CARTIER

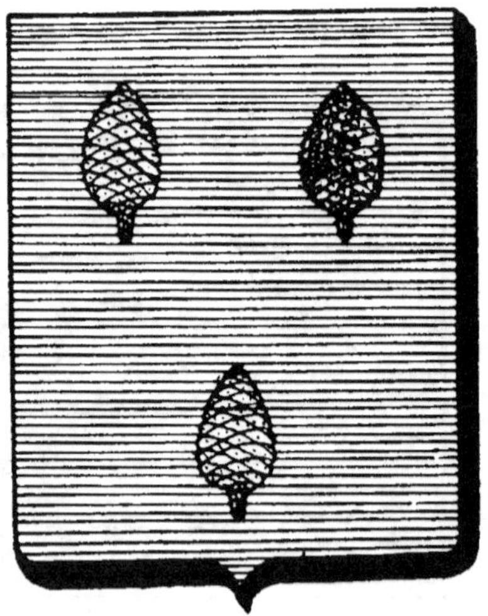

D'azur, à trois pommes de pin d'or.

(Mailhol, Dict. de la nobl. franc., I, 717).

CARTIER (Jacques). " Né à Saint-Malo, en Bretagne, le 31 décembre 1491, il quitta de bonne heure sa patrie pour courir les mers. En 1534, il explora le Canada et découvrit le Saint-Laurent qu'il remonta en 1535 jusqu'à Montréal. Il épousa, en 1519, Catherine des Granges dont il eut postérité. Cette famille eut plusieurs officiers distingués."

BIBLIOGRAPHIE : Mailhol, *loc. cit.* — Dionne, Inventaire chronologique, I,index et III, index.

CATALOGNE

D'or, au chevron de gueules accompagné, en chef, d'un croissant d'argent et d'une étoile de même et, en pointe, d'un pin naturel sur une terrasse sablée.

(Mém. Soc. Roy. le S. II, 12).

CATALOGNE (Gédéon de). Venu au pays entre 1682 et 1685, il prit part à la brillante expédition de la Baie d'Hudson. On lui doit plusieurs cartes topographiques ainsi qu'un copieux mémoire. Il mourut vers 1729.

Son fils, Joseph, né à Montréal fut un savant distingué.

BIBLIOGRAPHIE : Mém. de la Soc. R. *loc. cit.*

CAVELIER DE LA SALLE

De sable à un levrier courant d'argent surmonté d'une étoile à huit
rais d'or.
(Gravier, Cavelier de la Salle, p. 123 et Découvertes et établisse-
ments... frontispice).

CAVELIER DE LA SALLE (Robert René). Né à Rouen vers
1640, il vint au Canada en 1667. Il est célèbre par ses explo-
rations dans les régions de l'ouest et du sud du continent. Le
premier, il descendit le Mississipi jusqu'au golfe du Mexique.
Après une vie d'aventures extraordinaires, il fut tué par un de
ses compagnons le 19 mars 1687.

BIBLIOGRAPHIE : Parkman, LaSalle and The Discovery of the Great
West. — Fortier, Histoire de la Louisiane. — Girouard, Le lac Saint-
Louis, etc.

Nota. — Dans Todd, Armory and Lineages of Canada, 1914, Addenda,
16, sont des armes différentes, mais l'auteur n'indique pas où il puise.

CELORON DE BLAINVILLE

D'azur, à trois croissants d'argent et une étoile d'or posée en cœur.

(Bul. des Rec. Hist., XV, 302).

CELORON DE BLAINVILLE (Jean-Baptiste). Né en 1660, il passa en la Nouvelle-France en 1684. Capitaine en 1701, chevalier en 1730, il décède à Montréal le 4 juin 1735.

Sa descendance a servi brillamment le pays.

BIBLIOGRAPHIE : B. des R. H., *loc. cit.* — Roy, La famille Céloron de Blainville.

COUILLARD DE LESPINAY

D'argent, à l'olivier de sinople montant d'un rocher à trois coupeaux, au naturel, éclairé par un soleil d'or en chef, à senestre.

(Couillard Després, Première famille française, 251-286).

COUILLARD DE LESPINAY (Louis). Né à Québec de Guillaume Couillard, anobli en 1654. Seigneur de la Rivière du Sud. Anoblissement confirmé en 1664, pour lui et Charles Couillard des Islets de Beaumont, son frère. Il ajoute, dès lors, aux armes ci-dessus, " un casque en cimier, une couronne de comte et une colonne d'argent," rappelant par celle-ci les armes primitives qui se lisaient : D'azur, à une colombe éployée d'or tenant en son bec une branche d'olivier de sinople. Ancêtre des Couillard de Lespinay, des Prés, du Puis, des Ecores et l'Islois.

BIBLIOGRAPHIE : Couillard. Première famille française au Canada, et Histoire des Seigneurs de la Riv. du Sud.

DIESKAU

D'azur, au cygne contourné et s'essorant d'argent à la bande de gueules brochante.

(Nobiliaire universel, vol. II).

DIESKAU (Jean-Armand, baron de). Maréchal de camp, vint au Canada, en 1755, à la tête de quatre bataillons. Officier de grande valeur, il commit, cependant, une imprudence dans l'attaque du fort Edouard où il fut blessé et fait prisonnier. Après être demeuré captif en Angleterre assez longtemps, il alla mourir, en 1767, près de Paris, des suites de ses blessures.

BIBLIOGRAPHIE : Guérin, Diction., Supplément.

DUFROST DE LA GEMMERAYE

D'argent à trois têtes de coq de sable, crêtées et barbelées de gueules.
(Potier de Courcy, nob. et arm. de Bretagne, I, 329).

DUFROST DE LA GEMMERAYE (Christophe). Originaire de Médréac de Saint-Malo et non Madrac comme l'écrit à tort Mgr Tanguay, I, 209. M. Dufrost épousa à Varennes, en 1701, demoiselle Gaultier de Varennes. Leur fille aînée, Marie-Marguerite, qui épousa M. d'Youville s'est illustrée par la fondation de l'important institut des Sœurs Grises.

BIBLIOGRAPHIE : Faillon, Mme d'Youville.

FERRIERES DU BUSSAY

D'argent, à la fasce de sable, accompagnée de trois corneilles de même.

(P. de Courcy, nob. de Bretagne, I, 285 et 303).

FERRIERES DU BUSSAY (Yves-Jacques). On ignore la date de son arrivée en ce pays, on sait cependant qu'il était officier dans les troupes et qu'il servait au fort Saint-Frédéric en 1757. Lors de la cession il était garde-magasin, au même fort.

Il épousa en ce pays, Marguerite Prud'homme et paraît être retourné en France après la cession, mais il était de nouveau, en Canada à partir de 1764.

Tanguay, IV, p. 23, le nomme erronément Février de Bassé.

BIBLIOGRAPHIE : Dussieux, Le Canada, pp. 189 et 192. — Archives de la famille.

Nota — On orthographie aussi ce nom Ferrière de Bucé, en France.

de **FRESNEL DE LA PIPARDIERE**

D'argent, au chevron d'azur chargé de trois besants d'or, accompagné en chef de deux lions affrontés de gueules, armés et lampassés de sable et en pointe, d'un frêne de sinople.

(Recherches de la nobl., Généralité de Caen, par Chamillard).

FRESNEL DE LA PIPARDIERE (Joseph-Antoine de). Né en 1662 à Livarault, évêché de Lisieux. Enseigne dans les troupes, il épouse, à Champlain, le 25 novembre 1694, Jacqueline Chorel de Saint-Romain et, en secondes noces, Marie de Lamarque, à Laprairie, en 1712. Il est mort avant 1717.

BIBLIOGRAPHIE : Tanguay, I, 164.

HERTEL

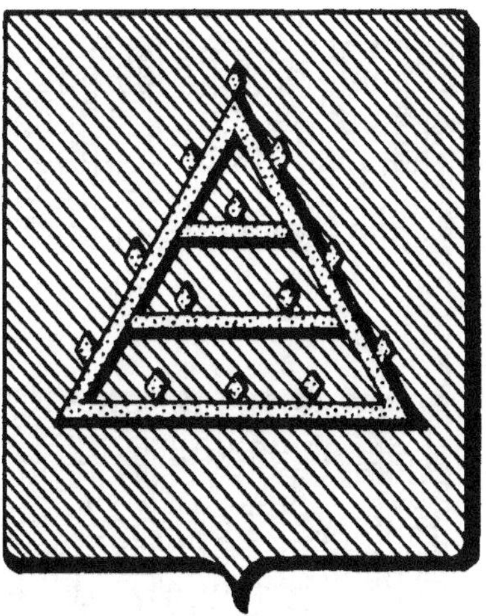

De sinople, à la herse d'or.

(Daniel, Grandes familles, p. 397).

HERTEL (François). Né aux Trois-Rivières, le 3 juillet 1642. L'histoire l'a surnommé le héros, à cause de ses remarquables exploits militaires et le roi l'a annobli en 1716. Il mourut à Boucherville le 29 mai 1722 laissant pluseurs fils et petits-fils qui ont pris les noms de Hertel de Rouville, de la Frenière, de Chambly, de Cournoyer, de Beaulac, de St-Louis, de Moncourt, etc.

Nota — M. Hertel La Rocque, l'un des descendants de François possède deux sceaux armoriés, sur l'un desquels la herse a la forme d'un trapèze et est soutenue par deux sauvages, sur l'autre, la herse est identique à celle que nous reproduisons.

JARRET DE VERCHERES

De sable, à la fasce d'or, accompagnée d'un croissant d'argent en chef et de trois étoiles d'or, en pointe.

(Monde Illustré, 17 août 1907).

VERCHERES (François Jarret de). Vint au Canada avec le régiment de Carignan. Fils d'un avocat au parlement, son nom est surtout célèbre, au Canada, par l'action héroïque de sa femme Marie Perrot et celle de sa fille, Marie-Madeleine, surnommée l'héroïne de Verchères qui épousa Thomas Tarieu de Lanaudière.

BIBLIOGRAPHIE : Monde Illustré, *loc. cit.* — Autrefois et aujourd'hui à Sainte-Anne de la Pérade. — Roy, La famille Jarret de Verchères.

JUCHEREAU DE SAINT-DENIS

De gueules, à une tête de Saint Denis d'argent.

(Ann. de la noblesse, 1869, p. 394).

JUCHEREAU DE SAINT-DENIS (Nicolas). Neveu de Noël Juchereau, sieur des Chatelets et deuxième fils de Jean Juchereau, sieur de Maur, il vint au Canada avec ses parents vers 1640 et épousa, à Québec, le 22 septembre 1649, Marie-Thérèse, fille de Robert Giffard. Les nombreux services qu'il rendit à la colonie, lui valurent d'être anobli au mois de février 1692 et il mourut à Québec, le 4 octobre suivant.

BIBLIOGRAPHIE : Roy, La famille Juchereau-Duchesnay.

LAMOTHE-CADILLAC

Écartelé : au 1 et 4 d'argent à la fasce de sable, chargé de trois merlettes de même : au 2 et 3 contre-écartelés : au 1 et 4 de gueules et au 2 et 3 d'argent chargé de trois fasces d'azur.

(Musée du château de Ramezay).

LAMOTHE-CADILLAC (Antoine de). Antoine Laumet, connu dans l'hstoire sous le nom de Lamothe-Cadillac est né en 1658. Venu au Canada avant 1687, il épousa en cette année, à Québec, Marie-Thérèse Guyon. Fonda le Détroit en 1701. Mort en 1739 après une carrière des plus mouvementées. On ignore si ses armes furent enregistrées.

BIBLIOGRAPHIE : J. E. Roy. Rapport sur les arch. de France, p. 998. — B. R. H. XIX, 129.

Nota. — Dans Todd, Armory and Lineages of Canada, 1914, Addenda, 20, on trouve les armes suivantes sans indication de leur provenance : Écartelé: au 1 d'azur, au lion d'or : au 2 fascé d'argent et de gueules ; au 3 d'azur, à un pal d'or : au 4 d'argent chargé d'un arbre au naturel, à la bordure de gueules.

LE GARDEUR

De gueules, au lion d'argent lampassé d'or, tenant des deux pattes de devant une croix latine patriarcale recroisettée d'or.

(Ann. de la nobl. 1869).

LE GARDEUR de Repentigny, de Tilly et de Croisille. Ces familles ont fourni un grand nombre d'officiers et de fonctionnaires de mérite, sous le régime français.

Jean-Baptiste LeGardeur de Repentigny eut l'honneur d'être élu 1er maire de Québec en 1663, Charles Le Gardeur de Tilly fut gouverneur des Trois-Rivières en 1648, puis membre du Conseil Souverain, etc.

BIBLIOGRAPHIE : Magny, Nobl. de Normandie, I, 70. — Crépeau, Histoire de Mascouche.

LE ROI DE LA POTHERIE

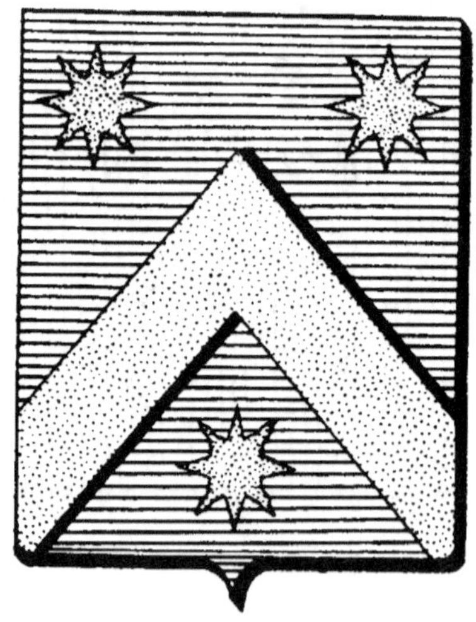

D'azur, au chevron d'or, accompagné de trois ombres de soleil à huit raies du même.

(Ann. de la nobl. 1866, p. 423 et 1870, p. 470).

LE ROI, sieur de la Potherie (Claude-Charles). Il s'intitulait seigneur de la Potherie, de la Touche en Touraine et, en partie, de Saint-Ours, au Canada. Il exerça, en ce pays, la charge de contrôleur de la marine, fut créé chevalier de Saint-Louis, capitaine, puis aide-major général à la Guadeloupe. Né à Paris en 1663, il est mort en 1736.

BIBLIOGRAPHIE : B. R. H., XVIII, 119.

LEVIS

D'or, à trois chevrons de sable.

(Ann. de la nobl. 1846, p. 132).

LEVIS (François-Gaston de). Après avoir guerroyé en Europe, il servit en Canada de 1756 à la conquête, d'abord comme brigadier d'infanterie puis comme maréchal de camp. En 1759, il succéda à Montcalm. Après son retour en France, il reçut le bâton de maréchal en 1783 et fut créé duc en 1784. Mort en 1787.

MAINGARD DE LA HUPERIE

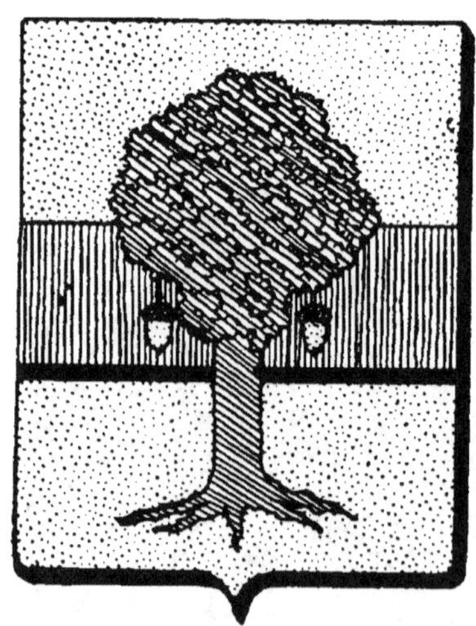

D'or, à une fasce de gueules ; au chêne arraché de sinople brochant sur le tout et fruité de deux glands d'or pendant sur la fasce.

(Ann. de la nobl. 1883).

MAINGARD, sieur de la Huperie. Les Maingard étaient parents de Jacques Cartier. Quant celui-ci s'embarqua pour la découverte du Canada en 1534, Jacques Maingard était maître du galion l'*Emerillon*. Jusqu'ici on n'a mentionné dans les ouvrages canadiens que quatre Maingard, or il paraîtrait qu'il y en avait sept! les trois autres étant Guillaume, Thomas et Jehan, ce qui porterait à 86 le nombre des noms connus sur les 110 inscrits sur le cahier de bord.

Bibliographie : Ann. de la nobl. 1883.

MARIN DE LA MALGUE

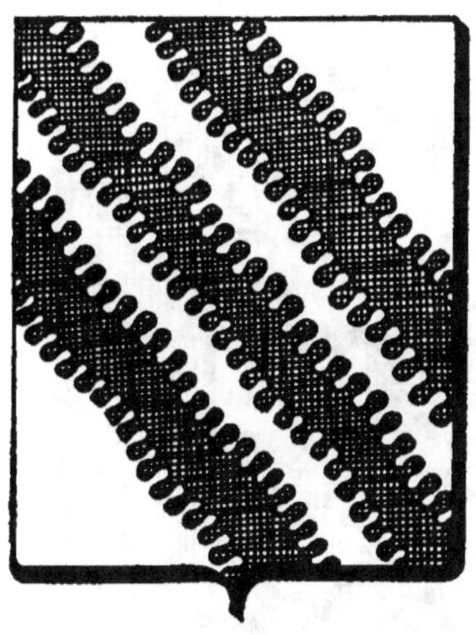

D'argent à trois bandes ondées et nébulées de sable.

(D'Hozier, armorial de France).

MARIN DE LA MALGUE (Charles-Paul de). Chevalier de Saint-Louis. Capitaine. Vint au Canada avec le régiment de Carignan. Il épousa, à Saint-François du Lac, Marie-Madeleine Niquet, le 5 juillet 1691.

Paul, fils du précédent, brave officier, acquit une grande influence sur les sauvages de l'Ouest.

BIBLIOGRAPHIE : Régis Roy, Les capitaines de la Malgue. — Mém. Soc. Roy, 1904.

MAURÈS DE MALARTIC

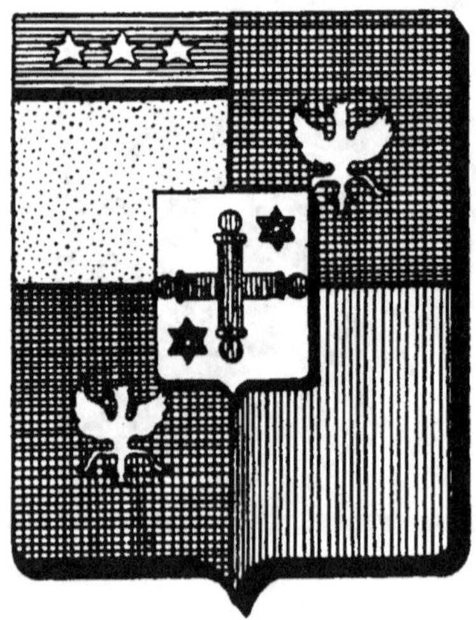

Ecartelé : au 1 d'or, au chef d'azur chargé de trois étoiles d'argent ; au 2 et 3 de sable, à l'aigle d'argent becquée et membrée de gueules (Maurès) ; au 4 de gueules plain (le Vivier) ; sur le tout : d'argent à la croix pommettée de gueules accompagnée au 2 et 3 cantons d'une molette de sable (Malartic).

(Malartic — Journal des Campagnes au Canada. — Frontispice).

MAURÈS, comte de Malartic (Anne-Joseph-Hippolyte de). Né en 1730. Major, sous Montcalm, il est blessé aux deux batailles des plaines d'Abraham. Rentré en France, il est successivement maréchal de camp, général, gouverneur d'une colonie et décède à l'île de France en 1800.

5

de MONTCALM

Ecartelé : au 1 d'azur, à trois colombes d'argent becquées et membrées de gueules ; aux 2 et 3 de sable, à la tour surmontée de trois tourelles d'argent qui est de *Montcalm* ; au 4 de gueules à la bande d'azur bordée d'argent et une bordure componée de billettes d'argent qui est de *Gozon*.

(La Chesnaye des Bois, XIV, 149).

MONTCALM (Louis-Joseph de St-Véran, Marquis de), né en 1712 à Candiac, il comptait, parmi ses ancêtres, le fameux Gozon, grand maître de Malte. Venu au Canada, en 1756, pour remplacer Dieskau, Montcalm se couvrit de gloire et finalement, reçut une blessure mortelle sur les plaines d'Abraham, en 1759.

BIBLIOGRAPHIE : Bonnechose, Montcalm et le Canada — Casgrain, Montcalm et Lévis. — Chapais, Le marquis de Montcalm, etc.

Nota — Dans les armes gravées sur la coupe de Montcalm et reproduites par l'abbé Couillard dans l'*Hist. des Seig. de la riv. du sud*, 281, la position des quartiers est différente de celle que donne La Chesnaye des Bois.

Dans Todd, Armory and Lineages of Canada, 1914, Addenda, 14, l'auteur donne, écartelé : aux 1 et 4 à 3 colombes, sans indiquer qui il reproduit.

POULARIER

D'or, à l'arbre de sinople accosté d'un coq crêté et barbé de gueules ayant la patte dextre levée à l'étoile d'azur en chef.

(B. des R. Hist. XVI, 17).

POULARIER (M. de). Né à Limoux. Chevalier de Saint-Louis, brigadier et lieutenant-colonel du régiment Royal-Roussillon. Officier de haute valeur, il " se distingua à la deuxième bataille des plaines d'Abraham en chargeant l'aile gauche de l'armée ennemie qu'il mit en déroute " ce qui assura la victoire de Lévis.

BIBLIOGRAPHIE : B. R. H., XVI, 17 et Guérin, Dict. Supp.

RENAUD D'AVENE DES MELOISES

D'azur, au chevron d'or accompagné en chef de deux quintefeuilles d'argent et, en pointe, d'une fourmi du même.

(Ann. de la nobl. 1857, p. 195, et Gheusi, p. 284).

RENAUD D'AVENE DES MELOISES (François-Marie). Né en Bourgogne, en 1655. Il passa au Canada vers 1685 et accompagna M. de Denonville dans son expédition contre les Iroquois. Le comte de Frontenac le considérait comme "un des meilleurs et des plus sages officiers du Canada."

BIBLIOGRAPHIE : Daniel, N. G. N. II. app. 33. — B. R. H. XIII, 161, — Roy, La famille Renaud d'A. des Meloises.

ROSSEL

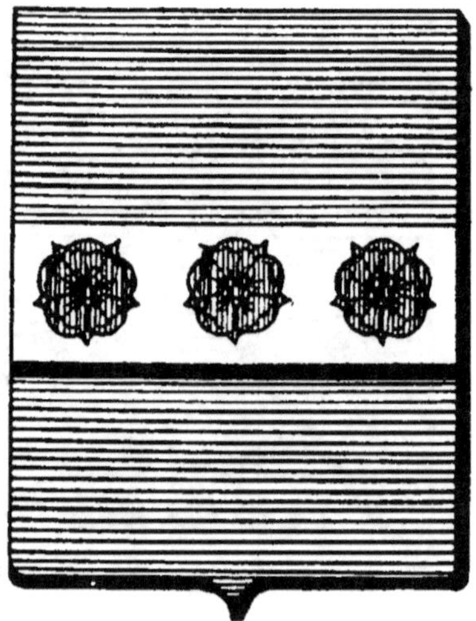

D'azur, à la fasce d'argent, chargée de trois roses de gueules.

(La Chesnaye des Bois, XVII, 725).

ROSSEL (Christophe de). Chevalier, capitaine des vaisseaux du roi, il servit dans l'escadre de M. de l'Etenduère.

Son fils, Christophe, né le 1er juillet 1737, mourut à Louisbourg, en 1757, étant garde de la marine et dans l'escadre de M. Dubois de Lamothe sur le vaisseau le *Duc de Bourgogne.*

BIBLIOGRAPHIE : La Chesnaye des Bois, *loc. cit.*

SAINT-OURS

D'or, à l'ours de sable debout.

(D'après un sceau de famille).

SAINT-OURS d'ESCHAILLONS (Pierre de). Chevalier de St-Louis. Capitaine. Originaire de Dauphiné, il naquit en 1643 et passa au Canada, en 1665, avec le régiment de Carignan. Il épousa Marie Mulois en 1668, et en secondes noces Marguerite Le Gardeur. Il reçut un premier fief en 1672.

BIBLIOGRAPHIE : Daniel, Les grandes familles, 273.

SALABERRY

Parti : au 1 coupé : **A**, d'or. au lion de gueules ; B, d'or à deux bœufs, de gueules accornés et clarinés d'azur ; au 2 de gueules, à une croix d'argent pommettée d'or et une bordure d'azur chargée de huit flanchis d'or.

(Daniel, Les grandes fam., 481).

SALABERRY (Michel d'Irumberry de). Originaire de Ciboure, Basses Pyrénées, il entra jeune dans la marine. Devenu capitaine il épousa à Québec, le 14 mai 1735, Marie-Catherine Rouer de Villeray et, en secondes noces, le 30 juillet 1750, Marie-Louise Juchereau-Du Chesnay.

La famille de Salaberry laisse un nom impérissable dans nos annales.

BIBLIOGRAPHIE : P. G. Roy, La famille d'Irumberry de Salaberry.

de SALIERE

D'or, à trois chevrons d'azur.

(Armorial de France, registre V, partie 1).

SALIERE (Henry de Chastelard, sieur de). Sixième fils de Claude de Salière et de Jeanne Musy. Gentilhomme ordinaire de la chambre du roi. Colonel d'infanterie, il commandait le régiment de Carignan qui passa en Canada en 1665. " Brave officier, mais ombrageux et difficile."

BIBLIOGRAPHIE : Sulte, Le régiment de Carignan.

SAUREL

D'argent, au sureau de sable.
(Nobiliaire universel II et Gilles de Bouvier, Armorial de France).

SAUREL (Pierre de). Né en 1628 à Grenoble, il vint au Canada en 1665 comme capitaine dans le régiment de Carignan. La même année, il éleva, à l'embouchure de la rivière Richelieu, un fort qui porta son nom. M. de Saurel épousa à Québec, le 10 octobre 1668, Catherine Le Gardeur de Tilly. Il fut inhumé à Montréal le 28 novembre 1682. Il signe Saurel et non Sorel, dans les actes déposés au greffe de Montréal.

Bibliographie : Tanguay, I, 185.

SENEZERGUES

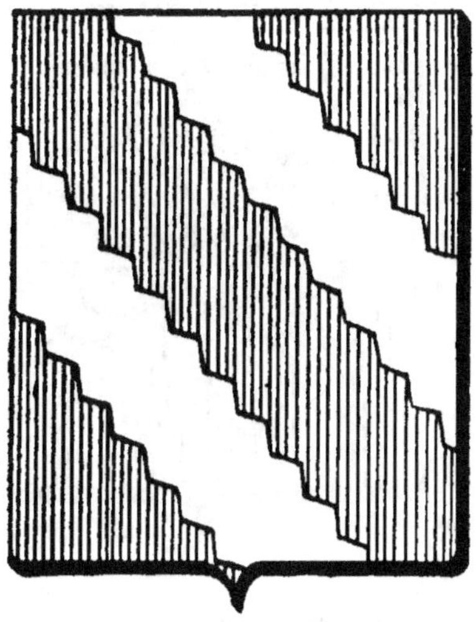

De gueules, à deux bandes vivrées d'argent.

(Sceau aux archives de Montréal).

SENEZERGUES (Louis-Étienne-Guillaume de). Chevalier de Saint-Louis. Originaire d'Aurillac, en Auvergne. " Chef de brigade sous Montcalm, commanda à la bataille des plaines d'Abraham les régiments de Guyenne et de Béarn. Il tomba mortellement blessé." Son testament est resté aux archives de Montréal.

BIBLIOGRAPHIE : Guérin, Diction. Supp. canadien. — D'Hozier, Armorial de France, I, 512. — B. R. H., XX, 370.

SICARD DE CARUFEL

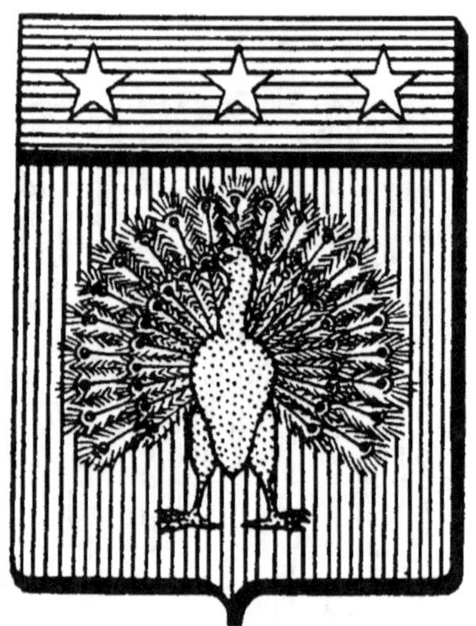

De gueules, au paon d'or rouant, au chef cousu d'azur chargé de trois étoiles d'argent.

(Archives de la famille).

SICARD DE CARUFEL (Jean). Originaire du Languedoc et fils de Pierre Sicard, avocat en parlement, Jean fut sergent de la Compagnie de M. LeBœuf de la Vallière. Il épousa, le 27 novembre 1694, à St-Pierre, I. O., Geneviève Ratté. Cette famille alla demeurer dans la région des Trois-Rivières, au XVIIIe siècle et reçut le fief de Carufel, en arrière de Maskinongé.

BIBLIOGRAPHIE : B. R. H., XX, 105. — Frère Élie, La famille Casavant, pp. 52, 57.

TESTARD DE MONTIGNY

D'azur, au chevron d'argent, accompagné de trois cannettes du même.
(Archives de la famille).

TESTARD DE MONTIGNY (Jacques). Fils de Jacques Testard de la Forest, chevalier et capitaine, il naquit à Montréal, le 23 février 1663 et épousa Marguerite Damours de Chaufours en 1698, puis Marie-Anne de la Porte de Louvigny en 1718. Il guerroya au Canada et en Acadie de 1687 à 1706. Chevalier de St-Louis en 1712. " Mort en 1737, couvert de 40 blessures, il fut au Canada, le bras droit d'Iberville."

BIBLIOGRAPHIE : Tanguay, I, 563 et VII, 283. — Bibaud, Panthéon canadien. — Daniel, Nos gloires nationales.

VAUQUELAIN

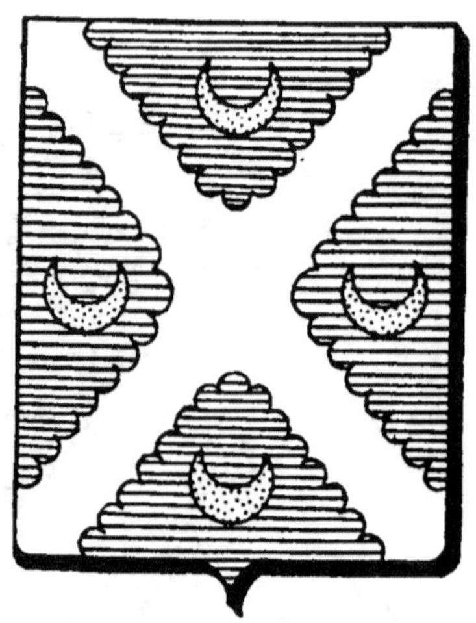

D'azur, au sautoir engrêlé d'argent, cantonné de quatre croissants d'or.
(D'Hozier, Armorial de France, I, 614.)

VAUQUELAIN (Jean). Né à Dieppe en 1727, il entre dans la marine à l'âge de 12 ans et devient commandant de frégate en 1756. Capitaine de l'*Aréthuse,* il prend part à la défense de Louisbourg en 1758; l'année suivante, il commande la flottille française devant Québec, puis, en 1760, après la bataille de Ste-Foye, il soutint un combat inégal, mais des plus héroïques avec la flottille anglaise. Assassiné à Paris en 1764.

Son fils *Pierre,* fut un savant distingué.

BIBLIOGRAPHIE : Faucher de Saint-Maurice, *Un des oubliés de notre histoire.* Mém. Soc. Roy. 1885. — B. R. H., 1, 109.

FONCTIONNAIRES

CHARTIER DE LOTBINIERE

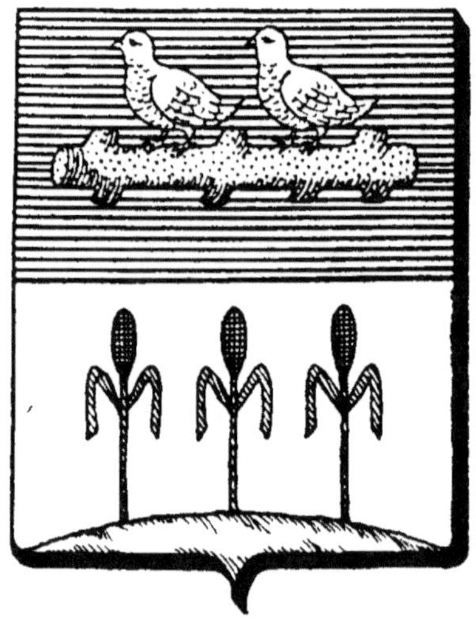

Coupé : au 1 d'azur à deux perdrix sur un tronc d'arbre noueux couché d'or ; au 2 d'argent à trois massettes de sable tigées, feuillées et terrassées de sinople. (1)
(Sceau au palais de Justice et ex-libris des archives de la famille).

CHARTIER DE LOTBINIERE (Louis-Théantre). Né en 1612, il épouse à Paris en 1641, Marie-Elisabeth Damours de Clignancourt et passe au Canada entre 1646 et 1650. Membre du Conseil Souverain en 1664, lieutenant civil et criminel de Québec en 1690. Sa descendance a brillé dans notre histoire.

BIBLIOGRAPHIE : Daniel, Grandes familles françaises, 297 et Nos gloires Nationales, I, 177.

(1) L'abbé Daniel a reproduit des armes qui ne sont pas conformes aux sceaux que nous avons pu examiner, du moins quant aux trois plantes dans la pointe l'écu. Une tradition constante dans la famille veut que ce soit des massettes et non des lis.

CHAUSSEGROS DE LERY

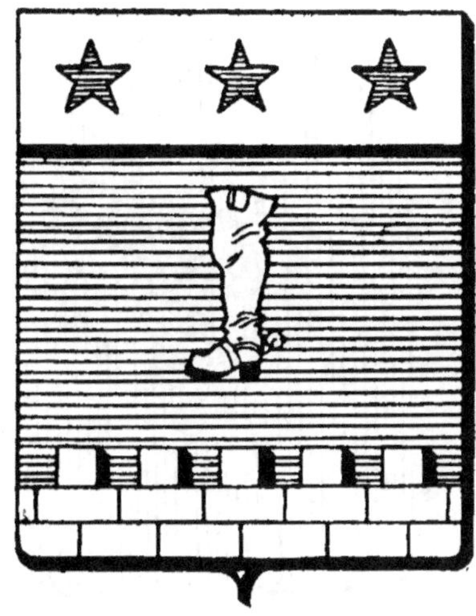

D'azur, à une botte d'argent, au chef chargé de trois étoiles d'azur
et à la campagne aussi d'argent crénelée de cinq pièces.

(Daniel, Nos Gl. Nat., II, 67).

CHAUSSEGROS DE LERY (Gaspard). Ingénieur en chef
dans la Nouvelle-France, il dirigea les travaux des fortifica-
tions et des édifices publics à Québec, Montréal, etc. Mort à
Québec, en 1756, après une brillante et utile carrière.

Son fils, Joseph, également ingénieur fit les plans de plusieurs places fortifiées du Canada. En 1756, il attaqua et se
rendit maître du fort Bull. Il s'éteignit à Québec en 1797.

BIBLIOGRAPHIE : Daniel, Nos Gl. Nat. *loc. cit.*

DENIS DE BONAVENTURE

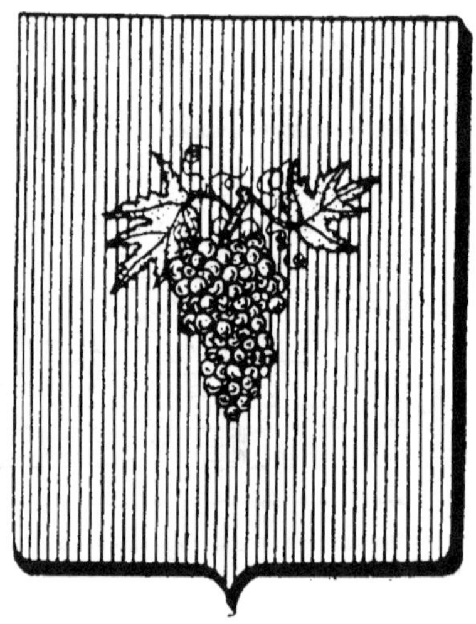

De gueules, à la grappe de raisin d'or, feuillée de même.

(Noblesse de St-Onge et d'Aunis, p. 244).

DENIS DE BONAVENTURE (Simon-Pierre). Chevalier de St-Louis, lieutenant du roi en Acadie et capitaine de frégate. Il épousa, en 1686, Geneviève Couillard de Lespinay.

Cette famille a joué un rôle important dans l'histoire de la Nouvelle-France.

Portent les mêmes armes, les Denis de la Trinité, de Saint-Simon, de la Ronde, de Fronsac, de Vitré.

Nota — M. Denis de Bonaventure d'Aytré, France, nous a fourni un sceau conforme aux armes ci-dessus.

d'ESTIMAUVILLE DE BEAUMOUCHEL

De gueules, à trois merlettes d'argent.

(P. G. Roy, Famille d'Estimauville de Beaumouchel, p. 5).

ESTIMAUVILLE DE BEAUMOUCHEL (Jean-Baptiste-Philippe d'). Né le 12 mars 1714. Capitaine. Passa en la Nouvelle-France en 1748. Epousa, en 1749, Marie-Charlotte, fille de Charles-Joseph D'Ailleboust. Chevalier de St-Louis en 1755. Il retourna en France en 1761 et mourut en 1800. Son fils, J. B. P. Charles, resta en Canada et épousa à Montréal, en 1782, Marie-Josepte Courault de la Côte. Après avoir occupé diverses charges publiques importantes, il décéda à Québec, en 1823.

BIBLIOGRAPHIE : Roy, Famille d'Estimauville.

FLEURY D'ESCHAMBAULT

D'azur, au lion d'argent (la queue léopardée).

(Daniel, Nos gl. nat., I, 265).

FLEURY D'ESCHAMBAULT (Joseph-Alexis). Venu au Canada vers le milieu du XVIIe siècle. Avocat au parlement, il occupa successivement, les charges de bailli, juge civil et criminel, procureur du roi, et lieutenant civil et criminel à Montréal. Il prit aussi part à diverses expéditions avec la milice canadienne. Mort en 1715.

BIBLIOGRAPHIE : Daniel, Nos gl. nat., I, 251.

GODEFROY DE TONNANCOURT

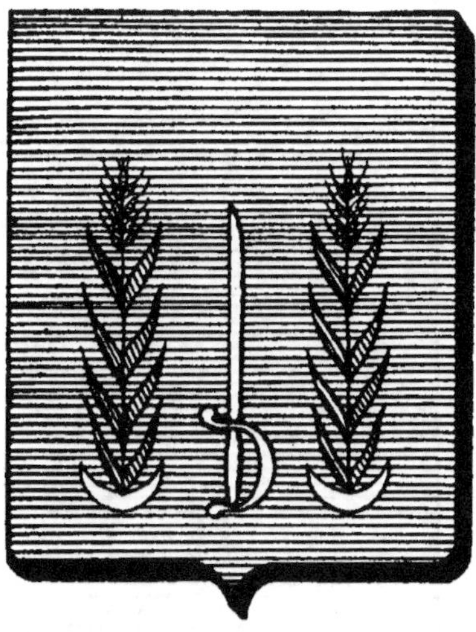

D'azur, à une épée d'argent posée en pal, la pointe en haut, la garde et la poignée d'argent, accostée de deux croissants de même, supportant chacun un épi de blé d'or, tigé et feuillé de sinople.

(Roy, Famille Godefroy de Tonnancourt).

GODEFROY DE TONNANCOURT (René). Né aux Trois-Rivières le 12 mai 1669, fils de Louis Godefroy de Normanville "il est le premier qui prit le nom de Tonnancourt." Son grand père avait été annobli en 1668 et sa noblesse fut confirmée en 1718. Il mourut en 1738 après avoir été juge dans sa ville natale.

BIBLIOGRAPHIE : P. G. Roy, Famille G. de Tonnancourt.

GUITON DE MONREPOS

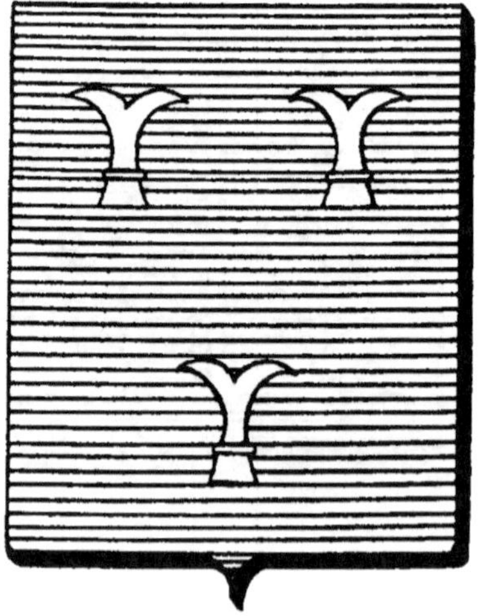

D'azur, à trois rocs d'échiquier d'argent.

(La Chesnaye des Bois, vol. X).

GUITON DE MONREPOS (Jacques-Joseph). Avocat au parlement de Paris et de Bordeaux, il fut choisi en France en 1741, pour remplacer M. Raimbault dans sa charge de lieutenant de la prévôté de Montréal. Il demeura parmi nous jusqu'à la cession.

LE MOYNE DE LONGUEUIL

D'azur, à trois roses d'or, au chef cousu de gueules chargé d'un croissant d'or accosté de deux étoiles de même.

(Jodoin et Vincent, Hist. de Longueuil, 39).

LE MOYNE DE LONGUEUIL (Charles). Né à Dieppe en 1626, arrivé en ce pays en 1641, cinq ans plus tard il s'établissait à Montréal. Il fut interprète, marchand, lieutenant du roi, etc. Les services qu'il rendit lui valurent d'être anobli en 1668. Il a l'honneur incomparable d'être le fondateur d'une des plus brillantes familles de la Nouvelle-France.

BIBLIOGRAPHIE : Jodoin et Vincent, Hist. de Longueuil, etc.

PREVOST DE LA CROIX

Tiercé en fasce : au 1 d'azur, au croissant d'argent ; au 2 d'or, à trois étoiles d'azur ; au 3 de sable, à la sirène d'argent.

(B. des R. H. XVI, 125).

PREVOST DE LA CROIX (Jacques). Né à Brest le 16 mai 1715. Chevalier de Saint-Louis, conseiller du roi et président du Conseil Supérieur de Louisbourg. Blessé au siège de Louisbourg (1745) il fut nommé commissaire de Rochefort en 1746. Après avoir occupé diverses charges, le roi l'appela à l'intendance de la marine en Provence et Languedoc (1776).

BIBLIOGRAPHIE : B. R. H., XVI, 123.

VOCABULAIRE HÉRALDIQUE

Les définitions ci-dessous sont puisées surtout dans Mailhol, Vocabulaire du blason et Gheusi, Le blason héraldique.

ACCOLÉ. — Se dit des pièces posées à côté les unes des autres et se touchant.

ABAISSÉ. — Se dit de toute pièce posée plus bas que la règle héraldique l'ordonne. Il se dit aussi des ailes d'oiseau dont le bout se dirige vers la pointe de l'écu.

ACCORNÉ. — S'emploie pour indiquer l'émail des cornes des animaux.

ACCOMPAGNÉ. — Lorsque la pièce principale ou la figure placée au centre de l'écu comporte d'autres pièces, on la dit accompagnée.

ACCOSTÉ. — Se dit des pièces posées aux côtés d'une autre pièce.

AFFRONTÉ. — Deux animaux posés de front à front ou se regardant, sont affrontés.

AIGLETTE. — Lorsque l'aigle est répétée plusieurs fois sur l'écu, elle se nomme aiglette.

AIGLE. — Le plus héraldique de tous les oiseaux. Sa position ordinaire est éployée.

ALAISÉ ou **ALÈSÉ.** — Attribut de toute pièce dont les extrémités ne touchent pas les bords de l'écu.

ALÉRION. — Aiglette sans bec ni pattes. L'alérion a les ailes étendues, il est debout et posé en pal.

ANCOLIE. — Fleur à peu près en forme de clochette, toujours avec la tige en haut.

ANCRÉ. — Extrémité d'une pièce terminée en forme de crochets.

ANIMÉ. — Pour indiquer l'émail des yeux des animaux.

ANNELÉ. — Disposé en anneaux.

ANNELET. — Petit anneau plat.

ARGENT. — L'un des deux métaux employés en armoiries. On l'indique en gravure par une surface unie, sans aucune hachure.

ARMES. — Marques d'honneur sur les écus pour connaître les familles nobles...

Le mot armes vient d'armures parce que les marques distinctives que l'on prenait pour se faire connaître, du temps des tournois et des croisades furent d'abord portées sur les boucliers, cottes d'armes, etc.

Les armes ne comprennent pas les ornements extérieurs. Lorsque ceux-ci sont joints à l'écu, on nomme le tout armoiries. (q.v.)

ARMOIRIES. — Ce qui constitue l'ensemble des armes d'une famille, d'un pays, etc... Ce sont l'écu et les figures qui la meublent, le casque, la toque ou la couronne qui sont placés au-dessus, le cri d'armes, la devise, les lambrequins, les tenants, les supports, les marques de dignités, les colliers et les croix qui les accompagnent.

ARMÉ. — S'applique au lion, au léopard, aux aigles, etc.., dont les griffes sont d'émail différent.

ARMORIAL. — Recueil des armoiries d'un pays, d'une province, etc.

ARRACHÉ. — Se dit des arbres dont on voit les racines ; têtes qui ne sont pas coupées net.

AZUR. — Nom héraldique de la couleur bleue, représentée en gravure par des traits horizontaux. Ce mot vient de l'arabe : *lazouerd*, couleur du ciel.

BANDE. — Pièce posée diagonalement de dextre à senestre.

BANDÉ. — Couvert de bandes en nombre pair, alternées de métal et de couleur.

BARBÉ. — Ne se dit que des coqs et des dauphins pour désigner l'émail de leur barbe.

BARILLET. — Un ou deux tonneaux prennent le nom de *barils ;* au-dessus de ce nombre on les nomme *barillets.*

BECQUÉ. — S'emploie pour l'émail du bec d'un oiseau.

BESANT. — Figure ronde et pleine toujours d'argent ou d'or.

BILLETTE. — Meuble héraldique en forme de carré allongé, posé perpendiculairement ; lorsque la billette est posée horizontalement, elle est dite *couchée.*

BLASON. — Ensemble des armoiries ou des signes, devises et figures qui composent un écu. Le blason est la science des armoiries, autrement dit, c'est l'énonciation des armoiries. On ne doit pas dire blason pour *écu* ou *armes.*

BORDURE. — Pièce en forme de ceinture qui environne l'écu.

BŒUF FURIEUX. — Voir *Furieux.*

BORDÉ. — Qui a une bordure d'émail différent.

BROCHANT. — Pièce posée ou passante sur d'autres.

BURELÉ. — Fasces diminuées en largeur et toujours employées en nombre.

BRISÉ. — Pièce dont les extrémités sont rompues. Se dit aussi des armes qui ont une brisure.

S'applique aux chevrons dont la cime est disjointe.

CAMPAGNE. — Pièce qui occupe le tiers inférieur de l'écu.

CANNETTE. — Petite canne de profil.

CANTON. — Les quatres espaces vides laissés sur un écu par la croix ou le sautoir, etc.

CANTONNÉ. — Attribut d'une croix (ou d'un sautoir) accompagnée en ses 4 cantons ou en un seul de quelque menue pièce.

CHARGÉ. — Attribut de toute pièce qui a une ou plusieurs autres pièces posées par-dessus.

CHEF. — Partie supérieure de l'écu séparée du champ par une ligne horizontale.

CHEVRON. — Pièce composée d'une bande et d'une barre assemblées à leur rencontre et s'ouvrant en bas en forme de compas ouvert. Voir *brisé*.

CIMIER. — Ornement qui forme la partie supérieure d'un casque.

CLARINÉ. — Terme pour indiquer l'émail de la sonnette, que les vaches, béliers, etc… portent souvent au col.

CŒUR (en). — Attribut de toute pièce placée au centre de l'écu.

COMPONNÉ. — C'est un rang de carreaux nommé *compons*, d'ordinaire d'un métal alternant avec une couleur. Le componné est surtout en usage pour les bordures de l'écu.

CONTOURNÉ. — Se dit d'un animal qui au lieu d'être tourné vers la dextre de l'écu comme il est d'usage, se trouve tourné à senestre.

CONTRE-BRETESSÉ. — Se dit d'une pièce bretessée, quand les créneaux correspondent aux embrasures d'un côté à l'autre de la pièce.

CONTRE-ÉCARTELÉ. — Se dit d'un écu écartelé, dont un ou plusieurs des quartiers sont écartelés de nouveau.

COQUERELLES. — Noisettes dans leurs gousses jointes ensemble au nombre de trois, dont une droite et les deux autres posées horizontalement.

COQUILLE. — Meuble représentant une coquille de mer, montrant le dos.

COTICE. — Bande, réduite à la moitié ou au tiers de son épaisseur ordinaire.

COUCHÉ. — Attribut du chevron et du croissant qui ont leur partie saillante appuyée ou tournée au côté dextre de l'écu.

COUPÉ. — Se dit : 1° d'un écu ou d'une pièce divisée en deux parties égales au moyen d'un trait horizontal : 2° des têtes d'animaux qui semblent séparées du corps au moyen d'un instrument tranchant.

COUPEAU. — Attribut servant à désigner les sommets d'une colline, d'un rocher, d'un mont.

COURONNÉ. — Qui a une couronne.

COUSU. — Se dit des pièces de métal sur métal ou de couleur sur couleur ce qui est contraire aux règles du blason.

CRÉNELÉ. — Surmonté de créneaux ou en forme de créneaux.

CRÉQUIER. — Meuble qui a quelque ressemblance à un chandelier à sept branches.

CRÊTÉ. — Se dit lorsque la crête des coqs, dauphins, sont d'émail différent de leur corps.

CROISSANT. — Sa position ordinaire est d'être montant, c'-à-d. que les cornes regardent le chef. Si les cornes se dirigent vers la base de l'écu, il est dit renversé.

CROISETTES. — Petites croix, communément en nombre dans l'écu.

CROIX. — Il y a plusieurs sortes de croix : la croix ordinaire (ou croix pleine) dont les branches s'étendent jusqu'aux bords de l'écu ; la croix patriarcale à double traverse, celle d'en bas un peu plus longue que celle d'en haut ; la croix latine, dont la tige est plus longue que la traverse, etc.   Voir croisetté et recroisetté.

CYGNE. — Se représente toujours de profil. Son bec et ses pattes sont souvent d'un autre émail que son corps.

DEXTRE. — Terme pour indiquer le côté droit, qui, pour ce qui regarde les armoiries, se trouve à gauche du spectateur.

DEMI-VOL. — (voir vol.)

DONJONNÉ. — Se dit des tours, châteaux, etc., surmontés de tourelles.

ECARTELÉ. — Diviser l'écu en quatre quartiers égaux.

ECHIQUETÉ. — En forme d'échiquier.

ECU. — Ancien bouclier. Corps des blasons, ordinairement en forme de bouclier.

ECUSSON. — Petit écu souvent employé comme meuble dans les armoiries.

EMAUX. — Nom collectif des métaux et couleurs qu'on emploie en armoiries.

Les émaux se divisent en deux métaux : l'or et l'argent ; en six couleurs : le gueules, l'azur, le sinople, le sable, le pourpre et l'orangé ; en deux fourrures : l'hermine et le vair.

Pour les représenter en gravure on a adopté des signes de convention qui sont expliqués à chacun des noms.

ENCERCLÉ. — Qui est en cercles.

EPÉE. — Arme. Elle est dite garnie lorsque la garde est d'un autre émail que la lance, ce qui est presque toujours le cas.

ENDENTÉ. — Se dit d'une pièce couverte de triangles alternés de divers émaux (comme dentelé).

ENGRELÉ. — Attribut des pièces bordé de petites dents dont les côtés s'arrondissent un peu.

EPLOYÉ. — Se dit des aigles dont les ailes sont étendues.

EPI MONTANT. — Se dit d'un épi dont la pointe regarde le chef de l'écu.

ESSORANT. — Se dit de l'oiseau qui paraît prendre son essor.

ETOILE. — En France, les étoiles avaient cinq rais, ailleurs elles en avaient six.

FASCE. — Pièce posée horizontalement. Il y en a quelquefois plusieurs dans un écu ; dans ce cas leurs largeurs diminuent.

FASCÉ. — Couvert de fasces en nombre pair.

FEUILLÉ. — Se dit des plantes dont les feuilles sont d'un émail particulier.

FLANCHIS. — Petits sautoirs alésés.

FLEUR DE LIS. — Ornement composé d'une feuille érigée accostée de deux feuilles recourbées, le tout réuni par une bande horizontale qui laisse visible le pied des trois feuilles. Voir aussi *lis des jardins*.

FRETTÉ. — Le fretté se compose de bandes et de barres *entrelacées*.

FLEURONNÉ. — Se dit des croix dont les extrémités se forment en forme de fleurs de lis et des fasces ornés à l'entour de fleurs de lis alternativement debout et renversées.

FRUITÉ. — Arbre chargé de ses fruits d'un autre émail que le feuillage.

FURIEUX. — Se dit du taureau dressé sur ses pieds de derrière. On pourrait aussi bien dire rampant.

FUT. — Bois d'une lance ou tronc d'un arbre.

GARNI. — Se dit de l'émail de la garde d'une épée ou d'une arme similaire différent de la lame ou des filets d'or ou d'argent qui bordent une armure.

GRENADE. — En armoiries, ce fruit, qui se distingue par une fente perpendiculaire, est dit *ouvert* de tel émail lorsque cette ouverture diffère de l'émail du fruit lui-même.

GRIFFON. — Cet être chimérique est composé de la moitié supérieure d'un aigle et de la moitié inférieure du lion.

Il paraît toujours de profil et rampant.

GUEULES. — Couleur rouge représentée en gravure par des traits verticaux. Ce mot vient du persan, *goul*, rose, rouge.

HERMINE. — Fourrure qui consiste en un champ d'argent semé de mouchetures de sable sans nombre.

HERSE. — Barrière qui sert à fermer les portes des villes ou châteaux forts.

Elles sont triangulaires ou carrées.

HURE. — Tête du sanglier ou du dauphin.

ISSANT. — Se dit des animaux dont on ne voit que le haut du corps et qui semblent sortir d'une des pièces de l'écu.

LAMBEL. — Pièce consistant en une traverse horizontale, à laquelle sont suspendues des pièces triangulaires nommés *pendants*.

LAMBREQUINS. — Pièces d'étoffes découpées qui ornent le casque à dextre et à senestre.

LAMPASSÉ. — Animal qui laisse voir la langue d'un émail particulier.

LATINE (croix). — Voir *Croix*.

LÉOPARD. — Nom héraldique du lion passant qui a la tête posée de front montrant les deux yeux et les deux oreilles.

Il a ordinairement la queue couchée sur le corps et reployée en dehors.

LÉOPARDÉE (queue). — Queue couchée sur le corps et reployée en dehors.

LICORNE. — Animal fabuleux imitant par sa figure un cheval, à l'exception d'une corne droite qu'elle a sur la tête, d'une petite barbe sur le menton et de ses pieds qui sont fourchus.

LION. — Animal levé sur les pattes de derrière, de profil, la queue levée et retournée vers le dos. Le lion est le quadrupède héraldique par excellence.

LIONCEAUX. — Lorsqu'il y a plus de deux lions dans un écu on les nomme lionceaux.

LIS DE JARDIN. — Plante de lis au naturel.

LOSANGÉ. — Ecu ou pièce entièrement couverte de losanges.

L'UN SUR L'AUTRE. — Se dit des animaux passant et placés l'un au-dessus de l'autre dans l'écu.

MAÇONNÉ. — Traits de séparation entre les pierres de construction d'une tour, d'un mur, etc.

MAL-ORDONNÉ. — Se dit de trois pièces posées l'une en chef et les autres en pointe.

MEMBRÉ. — Sert à désigner l'émail des pattes et griffes des animaux.

MERLETTE. — Oiseau sans bec ni pattes.

MÉTAUX. — L'or et l'argent en armoiries. Voyez ces mots ainsi qu'*Emaux*.

MEUBLES. — Nom héraldique des objets de toute sorte qui paraissent dans les armoiries.

MOLETTE. — Roue d'un éperon. Elle a six rais et elle est trouée au centre.

MONTANT. — Se dit de toute pièce ayant des pointes regardant le chef de l'écu. Voir *croissant*.

MORNÉ. — Se dit des animaux représentés sans dents, bec, langue, ongles ni queue.

MOUCHETURES. — Nom des petites queues dont le champ est parsemé dans la représentation de l'hermine.

NAISSANT. — Se dit des animaux qui ne montrent que la tête et la partie supérieure du corps, et paraissant sortir du chef de la fasce, ou du second du coupé.

NATUREL. — Les objets représentés en blason avec leurs couleurs propres sont dits : au naturel. Ils peuvent se mettre indifféremment sur métal ou sur émail.

NAVIRE. — On en voit tant de genres dans les armoiries que la forme, le nombre des mâts et des voiles, ou même l'absence de voiles doivent être indiqués en chaque cas particulier. On le représente gé-néralement *flottant, habillé, équipé*.

NÉBULÉ. — Se dit des pièces faites de nuées.

OMBRE DE SOLEIL. — Se dit du soleil représenté sans yeux, nez, ni bouche.

ONDÉ. — Se dit des croix, fasces, pals, etc., qui ont des sinuosités curvilignes alternativement concaves et convexes.

ONGLÉ. — Se dit de l'émail des ongles des animaux, à moins qu'il ne s'agisse des animaux carnassiers, auxquels on applique en ce sens le terme *armé*.

OR. — L'un des deux métaux du blason. En gravure il est représenté par des points.

ORANGÉ. — Couleur très rare en armoiries. On l'exprime par des lignes verticales croisées de diagonales de senextre à dextre.

ORLE (en). Se dit des objets rangés dans la direction d'une bordure intérieure dans un écu.

PAL. — Pièce héraldique consistant en l'espace compris entre deux lignes perpendiculaires sur le milieu de l'écu. Il peut y en avoir deux, trois, jusqu'à quatre ; quand il y en a cinq et plus, ce sont des *vergettes*.

PARTI. — Le parti est le produit d'une ligne perpendiculaire qui divise le champ ou un meuble en deux parties égales.

PASSANT. — Se dit des animaux qui semblent marcher en levant une patte de devant et une de derrière.

PATRIARCALE. — Voir *Croix*.

PATTÉ. — Se dit d'une croix dont les bras s'élargissent à leurs extrémités.

PENDANTS. — Pièces pendantes du lambel.

PERROQUET. — Oiseau qui paraît de profil. Son émail particulier est le sinople.

PIÈCES (héraldiques). — Figures formées au moyen de lignes, comme le pal, la bande, etc.

PLAIN. — Se dit d'un champ couvert d'un émail uni, sans aucun meuble.

POINTE. — Partie inférieure de l'écu.

POINTE (en). — Se dit d'un objet posé au bas de l'écu, ou de plusieurs objets qui y sont rangés sur la même ligne.

POMME DE PIN. — Dans leur position ordinaire les p. de p. ont la queue en haut.

POMMETÉ. — Se dit d'objets ayant des boules à leurs angles saillants.

PUITS. — Maçonnerie généralement de forme circulaire.

QUEUE LÉOPARDÉE. — Voir *Léopardée*.

QUINTEFEUILLE. — Fleur à cinq feuilles pointues percée au milieu.

RAMPANT. — Se dit des animaux dressés sur leurs pattes de derrière.

RECOUPÉ. — Se dit de l'écu qui est coupé et dont l'une de ses deux partitions est elle-même coupée.

RECROISETTÉ. — Croix dont les branches forment d'autres croix.

RENCONTRE DE CERF. — Se dit des têtes d'animaux posées front à front et de la tête de cerf détachée de l'animal paraissant de front.

RENVERSÉ. — Se dit des pièces qui sont dans une position contraire à leur position ordinaire, c'est-à-dire qui sont retournées.

ROC D'ÉCHIQUIER. — Figure en forme de tour du jeu d'échecs, sauf que la partie supérieure est figurée comme la branche d'une croix ancrée.

ROSE. — On la représente sans tige et montrant cinq feuilles.

ROUANT. — Se dit du paon déployant sa queue en forme de roue.

SABLE. — Couleur noire en armoiries, représentée en gravure par des traits horizontaux et verticaux.

SAUTOIR. — Pièce produite par la réunion de la bande et de la barre.

6

SAUTOIR (en). — Se dit d'objets rangés dans la direction qui est propre au sautoir.

SEMÉ. — Se dit des pièces sans nombre placées sur un écu.

SENESTRE. — Se dit de la gauche de l'écu qui se trouve à la droite du spectateur.

SINOPLE. — Couleur verte en blason, représentée en gravure par des lignes diagonales tirées de dextre à senestre. Ce mot vient de *Sinope*, ville très *verte*, en Asie mineure.

SIRÈNE. — Créature imaginaire ayant le corps d'une jeune fille se terminant en queue de poisson.

SOLEIL. — Cet astre est représenté comme un visage humain entouré de rayons.

SOUTENU. — Se dit de toute pièce supportée par une autre pièce.

SUR LE TOUT. — Se dit d'un écusson posé au milieu d'un écartèlement, et des pièces qui brochent sur les autres.

TERRASSE. — Nom du sol qui en général, se trouve à la pointe de l'écu.

TIERCÉ. — Ecu divisé en trois parties égales au moyen de lignes droites, en fasce, en pal, en bande, etc.

TIMBRE. — Nom collectif de tout ce qui se place au-dessus de l'écu : casque, couronne, mitre, tiare, etc.

L'écu ainsi orné est dit *timbré*.

TOUR. — Sa forme ordinaire est ronde, mais on trouve des tours carrées et autres.

TOURTEAUX. — Petits disques de couleur dans un champ de métal.

TIGÉ. — Plante ou fleur ayant une tige d'un émail particulier.

TRÈFLE. — Feuille à trois parties arrondies, munie de tige. Lorsque le trèfle est privé de cette tige, il faut l'indiquer.

TRÉFLÉ. — Se dit des objets dont les extrémités ont la forme d'un trèfle.

VACHE. — Elle se reconnaît à ses mamelles et à sa queue étendue le long de son flanc.

On dit qu'elle est *accornée* de ses cornes, *onglées* de l'ongle de ses pieds, *colletée* de son collier, *clarinée* de la sonnette qui y est attachée, lorsque ces choses sont d'un émail particulier.

VAIR. — Fourrures faites de quatre tires ou rangées de pièces d'argent, en forme de cloches de jardin renversées, sur un champ d'azur, il y a quatre pièces ou cloches à la première et troisième tires ; trois et deux et demi aux deuxième et quatrième.

VAIRÉ. — S'emploie lorsque le vair est composé d'autres émaux que d'argent et d'azur.

VAISSEAU. — Ce terme s'applique à un vaisseau à trois mâts, muni de ses voiles.

VIVRÉ. — Se dit des lignes ou pièces à grands angles rentrants et saillants.

VOL. — Les deux ailes d'un oiseau posées dans l'écu et les pointes vers le chef. Lorsque ces bouts sont tournés vers la pointe, le vol est *abaissé*. Une seule aile s'appelle *demi-vol*.

INDEX ANALYTIQUE